중국의 부활
미국과 중국의
패권전쟁

강성목 지음

가나북스

중국의 부활
미국과 중국의
패권전쟁

2018년 01월 15일 초판 발행
지은이 강성목
펴낸이 배수현
디자인 유재헌
홍　보 배성령
제　작 송재호
펴낸곳 가나북스 www.gnbooks.co.kr
출판등록 제393-2009-12호
전　화 031-408-8811(代)
팩　스 031-501-8811
ISBN 979-11-86562-73-4(03300)

붕정만리[鵬程萬里]

鵬 : 붕새 붕 | 程 : 길 정 | 萬 : 일만 만 | 里 : 이 리

직역하면 붕새가 만 리를 나는 것을 뜻한다. 장자에 나오는 말로서 전설적인 새 중에서 가장 큰 붕(鵬)을 이렇게 표현하였다. "어둡고 끝이 보이지 않는 북쪽 바다에 곤(鯤)이라는 큰 물고기가 있었는데 얼마나 큰지 몇 천리나 되는지 모를 정도이다. 이 물고기가 변해서 붕(鵬)이 되었다. 날개의 길이도 몇 천리인지 모른다. 한 번 날면 하늘을 뒤덮은 구름과 같았고, 날개짓을 3천 리를 하고 9만 리를 올라가서는 여섯 달을 날고 나서야 비로소 한번 쉬었다." 붕정만리는 말 그대로 거대한 붕이 만 리나 나니 그 거리는 상상을 뛰어 넘는다.

지금 우리에게 붕은 누구인가? 날카롭게 현실을 직시하건대 대한민국은 아니다. 그렇다면 미국일까, 유럽일까, 중국일까, 일본일까? 명확한 현실 인식이 필요하다. 그 어느 때보다 절실히 필요하다. 조만간 붕이 몇 만 리를 날아가기 전에 올라타려면 어디에 붕이 있는지 알아야하기 때문이다.

관습과 편견에 물들어 온 사고방식 때문에 붕이 누구인지 잘못 판단한다면 대한민국은 하늘을 뒤덮고 있는 거대한 붕을 바라만보며 수 백 년을 또다시 후회할지 모를 일이다.

이 책은 붕에 관한 대답이다. 붕을 판단하는데 중국이라는 또 다른 관점을 제공해준다. 특히, 경제부분에 지나치게 치우쳐온 중국관련 서적이 넘쳐나지만 이 책은 과거 · 현재 · 미래를 조망하고 정치 · 경제 · 인구 · 문화 · 군사 등 제 분야를 포괄적으로 살펴보면서 과연 중국은 붕인가에 대답한다.

그리고 국제관계를 내다봄에 있어 지루하고 또 맞지도 않는 학술이론은 전혀 고려하지 않는다. 마치 이야기를 듣는 것처럼 책을 읽고 나서 무언가를 깨닫는다면 바랄 것이 없다.

책의 시작은 '부활'에 대한 것이다. 수 천 년 간 군림해오던 중국이 한순간에 치욕적인 삶을 살게 되었으나 힘을 키워 다시 돌아온 모습을 보여준다. 두 번째는 부활하는 중국을 이끄는 '용'들이다. 물론 어느 국가에나 리더가 있지만 그들이 모두 용은 아니다. 용이란 한 국가를 이끌 강력한 능력을 가진 존재들이기 때문이다. 세 번째는 '인구'다. 단순히 많기만 한 게 아니다. 이 인구가 가능케 하는 거대한 시장과 넘쳐나는 인재 등의 다양한 장점들을 보여준다. 네 번째는 '경제'다. 그저 돈을 많이 버니까 강해지고 있다는 뻔한 결론이 아니다. 돈을 쓰는 방법이나 돈이 돌고 돌아가는 게임의 룰 자체를 바꾸려는 모습들을 보여줄 것이다. 다섯 번째는 이런 요소들로 인해 더욱 강해지는 '군사'분야이다. 강해지는 자에겐 막으려는 자가 있고 이를 뚫고 나가려는 행동이 있다. 어떻게 장애물을 극복하고 얼마나 강해질 것인가 해답을 찾아본다. 여섯 번째는 중국의 가장 큰 문제인 소프트파워다. 예전의 매력을 어떻게 회복할 것인가가 관건이다. 마지막은 우리가 붕을 올라탈 수 있을 것인가, 그리고 어떻게 함께 할 것인가 하는 내용이다.

중국을 새로운 감정과 관점으로 바라보게 될 것이다. 새로운 관계를 맺게 될 것이고 우리는 붕에 올라타 새로운 세상을 볼 수 있을 것이다. 그릇된 역사를 반복할 수는 없다. 잘못된 전략으로 100년 넘게 충분히 고통스러웠다. 붕은 긴 여행을 떠날 것이다. 올라타자. 서두르자. 그나마 다행인 것은 붕과 우리는 오랜 친구였기에 기다려주고 있다는 사실이다.

목차

Chapter

I

100년간의 분노, 100년만의 부활

01 | 무릎 꿇었던 과거의 왕, 인내로 참아오다

길고 길었던 과거의 영광

한국인들이 세계사 속의 중국, 한국사 속의 중국을 배울 때 빠지지 않는 중국에 대한 묘사가 '중화사상'이다. 중앙의 중, 문화의 화! 즉 중국이 천하의 중심이며 주변은 오랑캐(남만, 북적, 동이, 서융)로 불렸던 중국의 세계관을 말한다. 자신들이 가장 찬란한 문명을 가지고 있다는 자신감, 왠지 오만하게 느껴진다. 우리를 동이족이라는 오랑캐의 개념으로 취급

하다니 말이다. 그 정도로 중국이 초강대국이었나? 주변을 그렇게 깔볼 수 있을 정도로 말이다.

그런데 사실이다. 서양의 산업혁명을 통한 성장과 침략이 있기 전까지 중국은 다른 문명들이 넘볼 수 없는 수준의 문명을 지니고 있었고 미개한 일본에게까지 문명을 전수해주었다. 지금 읽고 있는 이 책의 종이 덕에 전 세계의 지식이 보급될 수 있었다. 나침반이 없었다면 GPS가 탄생하기까지 어떻게 육지와 바다를 개척할 수 있었을까? 화약이 없었다면 거대한 규모의 토목공사도 불가능했을 것이다. 단지 이와 같은 단순하기 그지없는 발명품에 중국의 화려했던 문명은 의존하지 않는다. 이미 기원전 4세기에 중국의 수학서적인 주비산경에서는 이미 피타고라스의 정리를 알고 있었고, 토지 측량에 수학을 적용하였다. 고대에 원주율, 부피, 대수학, 기하학을 담고 있는 수학서적도 즐비하다. 농업과 직접적 관련이 있던 천문학의 수준도 이미 춘추전국시대에 수성, 금성, 화성, 목성, 토성의 운행규칙을 관찰해냈고 일식과 월식의 원인도 알고 있었다. 진나라때 측량, 방위, 기복, 경사각, 지류를 적용한 고대 지도제작을 하였고 1,400년 전에 양쯔강과 황하강을 잇는 1,800km 길이의 대운하를 건설하였다.

과학기술 분야만 천 년 이상 앞선 것이 아니다. 유가, 법가, 묵가, 도가 등 중국에서 유래하여 전 세계로 보급된 사상들도 있다. 가령 싸움의 기술이라고 할 수 있는 손자병법만 해도 현재까지 전 세계 군사전문가들의 필독서가 되어있다. 심지어 일반인들도 '지피지기 백전불태'라는 말을 백 번은 들어봤을 것이다. 프랑스의 신부 아미오는 이 책을 1722년 번역하여 유럽에 소개했고 나폴레옹은 이 책을 접한 뒤 황제가 된다. '거래의 기술'이라는 베스트셀러를 포함하여 18권의 단행본을 저술해냈으며 부동산 갑부이자 현직 미국 대통령인 도널드 트럼프. 젊은 시절의 트럼프는 뉴욕군사학교를 다녔는데 이런 배경 탓인지 그의 저술 중의 일부에 손자병법에서 경영전략을 배우도록 추천하였다. 미국 육군사관학교인 웨스트포인트에서도 군사전략 교재로 사용 중이다.

과학기술과 사상을 바탕으로 강대한 국력을 자랑했음은 물론이다. 우리가 이미 잘 알고 있는 명나라 영락제 시절인 1405년, 정화 함대는 1,500t급 기함을 비롯해 총 62척의 함선을 이끌고 아프리카까지 왕래하였다. 2만 7천명의 병사를 싣고 말이다. 아메리카 대륙을 발견한 콜럼버스의 배보다 30배나 큰 함선, 각종 화약무기로 무장한 최첨단 군함들은 그 당시 어떤 함대도 넘보지 못할 위엄을 지녔다. 지금 항공모함을 보는 심정으로 말이다. 무기 또한 당대를 훨씬 앞서갔다.

진보한 화약기술을 바탕으로 명대에 이미 로켓기술을 이용하여 적의 함대를 부숴버렸다. 미사일을 날린 것이다. 약 천 년 전에 말이다. 명 수군이 사용하던 '화룡출수'라는 다단식 로켓은 함수의 용머리에서 발사되어 2단계로 비상하면서 화약의 소이효과를 통해 적선을 불

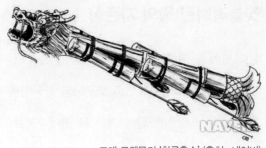

고대 로켓무기 '화룡출수' (출처 : 네이버)

태웠다. 최대 사정거리 2,000m에 엄청난 굉음을 내며 날아오는 불타는 용의 모습을 보는 적 수군들의 사기 또한 꺾였을 것이다.

화려한 문명과 군사력 속에서 중국인들은 당대 최대의 도시에서 한껏 풍요를 누렸다. 마치 지금의 뉴욕이 그러하듯 말이다. 시안, 뤄양, 베이징, 난징, 카이펑, 항저우 등과 같은 도시들은 왕조 시절 실크로드를 거쳐 육로와 해로에서 오는 각국의 사신들로 붐비고 최대의 인구를 거느리며 온갖 시장에서 진귀한 물건이 오가는 번화가였다. 실크로드를 통해 중국과 거래하려던 아라비아 상인들과 유럽인들, 아시아인들은 조공품을 바치고 하사품을 가져가며 각종 서적과 귀중품들에 기뻐했고 돌아가서 부를 거머쥐었으며 중국의 문명을 전파했다. 중국 황제의 서신을 가져온 사신은 극진한 대접을 받았고 그 어떤 국가도 중국을 거역할 힘이 없었다. 일부 북방 민족이나 자신들을 몰랐던 미개한 섬 민족 일부를 제외하고는 말이다.

짓눌려버린 왕의 자존심

2017년에도 해외여행 횟수와 비용이 사상 최대를 기록했다. 그 중에서도 유럽은 테러의 위협에도 불구하고 한국인에게 큰 인기를 차지한다. 특히 영국과 프랑스를 많이 가고 그 곳에 가서는 대영박물관과 루브르박물관이 필수코스다. 세계 3대 박물관이 유럽에 몰려있으니 볼 만할 것이다. 그러나 그 박물관들의 절반 이상에 해당하는 유물들은 약소국들의 문화재였다. 길게는 수 천 년간 보존되던 문화재들의 팔과 다리를 잘라내고 훼손시켜가며 유럽으로 가져가서 전시하고 있다. 도난피해를 당한 국가들의 여행객들은 그 박물관에 돈을 뿌려주면서 말이다. 그리고는 역시 대단하다고 칭찬하고 기념사진 찍고 온다. 어이없고 상식에 어긋나는 일이 마치 정상인 것처럼 여겨진다. 루브르박물관에는 아직도 고려청자, 풍속화, 불상 등 한국의 문화재들이 널려있다. 이는 중국 문화재에도 동일하게 해당된다. 문명 중에서도 두드러지는 문명을 지닌 중국은 그 자존심이 얼마나 뭉개졌을까?

중국 마지막 왕조였던 청나라 시대, 강희 · 옹정 · 건륭황제를 거치며 마지막 융성함을 뽐내던 중국은 1800년대에 들어 완전히 무너지기 시작한다. 서구 제국주의 세력의 힘을 인식하지 못한 것이 근본적인 이유다. 기술도 문명도 자존심도 없던 일본은 서양의 모든 것을 완벽하게 모방하였고 메이지유신은 일본을 일시에 강대국으로 만들어주었다. 수천 년 전이나 지금까지나 창조한 것이라고는 하나도 없고 남의 것만 모방하면서 기생하다보니 모방에는 도가 트였기 때문이다. 당시 조선은 정반대로 배척을 하다가 선진 과학기술 도입에 실패하여, 결국엔 강해져버린 일본에 점령당했다. 반면 중국은 자존심 때문에 서양의 기술만 받아들이려다 결과적으로 실패한다. 이런 서양세

사무라이칼로 목이 잘리는 아기와 엄마
(출처 : wordpress.com)

력에 대한 접근방식의 차이가 중국의 자존심을 박살내 버렸다.

가장 대표적인 것은 영국. 강제적인 개방을 통해 영국의 면직물과 중국의 비단과 차를 거래하던 영국은 무역적자가 확대되면서 중국으로 대량의 은이 유출되기 시작한다. 이때 생각해낸 방법이 중국인을 마약으로 중독시켜 은을 다시 본토로 가져가는 것이었다. 중국인들은 아편으로 찌들어가며 사망자가 늘어났고 보다 못한 중국과의 마찰은 아편전쟁을 일으켰다. 패배한 중국은 영국에게 홍콩을 빼앗긴다. 홍콩은 1842년부터 1997년까지 무려 155년간 영국 식민지로 점령당했다. 1856년, 영국 선원 11명

이 광둥성에서 체포되자 국제법 위반이라며 이 사건이 확대되고 1858년 영국과 프랑스의 군대와의 전쟁에서 다시 패한 중국은 영국, 프랑스, 미국, 러시아와 불평등 조약인 텐진조약을 맺는다. 이 조약 덕에 제국주의 국가들은 중국 내에 마음껏 거주하고 이동하며 통상을 할 수 있었다. 게다가 아편이 공식적으로 거래되도록 만든 것이다. 남의 나라에 마약을 몰래 파는 것도 아니고 대놓고 팔겠다고 강압을 한다는 것은 아직도 이해가지 않는다. 중국이 받았을 자존심의 상처가 얼마나 컸을지 이해간다. 지금 국력이 완전히 뒤바뀐 중국과 영국·프랑스의 관계에서 중국이 그들에 관대하다는 사실이 놀랍기도 하다.

하지만 중국이 가장 상처받고 고통받게 만든 장본인은 역시 일본이다. 1차 세계대전으로 인해 정신줄을 놓고 있던 유럽은 아시아에 큰 관심을 둘여력이 없었다. 이런 기회를 놓칠 리 없는 일본은 만주를 비롯해 북경과 천진을 연이어 점령하였다. 이후 상해까지 점령하기 위해 상륙전을 펼치나 만만찮은 저항에 부딪히며 대량의 일본군 손실을 겪는다. 열 받은 일본군은 내륙으로 진입하자마자 히틀러가 놀랄 만큼의 잔인한 학살행위를 벌이는데 이것이 바로 난징 대학살이다. 그것도 하루 이틀이 아니었다. 1937년 12월 13일 난징을 점령한 뒤부터 1938년 2월까지 2개월이 넘는 기간 동안 30만명을 학살한 것이다. 강간당한 중국여성만 8만 명, 방화되고 파괴된 난징의 건축물이 89%, 학살된 인원만 30만인 대학살이다.

살아있는 중국 어린이 에게 휘발유를 끼얹고 불태우며 아기를 안고 있는 어머니에게 수 류탄을 던졌으며 누가 일본도로 중국인 100 명의 목을 자르는지

대검으로 아기를 꿰어가는 일본군 (출처 : AHRP.org)

시합하였다. 지나가는 중국인이 보이면 총검술 연습으로 찔러 죽였다. 당시 총지휘관인 아사카 야스히코는 왕족에게 전쟁범죄 책임을 묻지않겠다는 미국의 혜택으로 인해 아무 처벌받지 않았다. 이것뿐인가. 1932년부터 원자폭탄으로 끝난 1945년까지 일본군은 그 유명한 마루타부대를 하얼빈에서 운영하며 중국인, 조선인, 러시아인을 대상으로 생체실험하였다. 살아있는 임산부를 수술대 위에 묶어놓고 배를 갈라 태아를 꺼낸 뒤 태아를 대상으로 실험하였다. 중국인의 팔과 다리를 마취없이 절단한 뒤 다시 봉합해보다가 죽으면 처리했다. 동상에 노출시킨 뒤 괴저와 부패의 진행 상

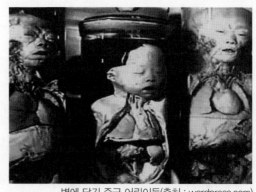
병에 담긴 중국 어린이들(출처 : wordpress.com)

태를 죽어갈 때까지 관찰했다. 산 채로 피부를 벗겨보고 수류탄과 화염방사기를 거리별로 시험하였다. 원심분리기에 마루타를 넣어 돌려 죽였고, 원판에 묶어 돌리면서 단검던지기 게임을 하였다. 마루타가 조금이라도 저항하면 매우 단단한 육모방망이로 그 자리에서 때려 죽였다. 이 실험을 처음부터 끝까지 주도한 장본인 이시이 시로 또한 미국 전쟁범죄 재판에서 면죄부를 받았다. 왕족은 아니었지만 그 실험 자료들이 미국의 의약제품과 의학기술 적용에 도움 되었기 때문이다.

이와 같은 피해들은 아프리카 원주민에게나 해당하던 일이었다. 문명과 거리가 멀고 부족단위의 삶을 살아가던 미개한 원주민들을 대상으로 행해지던 일들이 불과 2백 년 전만해도 세계 최강국의 문명을 자랑하던 중국인들에게 일어났다. 중국이 이렇게 짓밟힌 자존심을 되살리는 데는 더 많은 시간이 필요했다.

고통스런 재기의 나날들

1949년, 100년간의 고통이 끝나고 중국이 탄생한다. 서양과 일본 군대에 맞서 싸우면서 동시에 서양의 막대한 지원을 받는 강력한 국민당 장개석 군대와도 싸우던 모택동은 국민당을 대만으로 밀어내며 최종 승리

를 달성한다. 손자병
법과 전략에 능숙하던
모택동도 경제 분야
는 어려웠는지 중국인
들은 다시 한 번 고통
의 나날을 보내게 된
다. 가난한 상태의 중

용광로에서 작업 중인 시골 농민들

국에 농업과 공업을 동시에 발전시키고자 모택동 주도하에 대약진운동을
벌인다. 특히 중점을 둔 분야가 국가산업발전의 근간이 되는 중공업이었
다. 그러나 무턱대고 철강 생산량을 확대하고자 온 집안의 숟가락과 젓가
락을 용광로에 집어넣었다. 연 500만 톤에서 1400만 톤을 생산했다는 부
풀려진 성과를 보고하는 예하 지도자들에 의해 고무된 모택동은 추가적
인 증산명령을 하고 다시금 질이 떨어지는 불량 철강들이 생산된다. 게다
가 농업에 매달려야하
는 농민들이 철강 생
산하는 용광로에 매달
리니 농업생산량도 폭
락하고 병충해까지 겹
치면서 대기근이 벌어
진다. 결국 1958년에

홍위병에 의해 공개 비판받는 지도자들

서 1962년까지의 대약진운동은 2~3천 만 명이 굶어죽는 최악의 결과로 끝을 맺는다.

공산당 지도부는 이 운동의 책임자인 모택동을 비난하고, 위기감을 느끼던 모택동은 다시금 중국을 고통 속으로 몰아넣는다. 문화대혁명을 시작한 것이다. 모택동은 자신을 숭배하는 홍위병을 주축으로 자신에게 비난을 하던 혁명영웅, 지식인, 지도자들을 처참하게 공격한다. 중고등학생 위주의 아무것도 모르는 홍위병들은 기존의 낡아버린 사회를 타파하고자 중국 내의 절, 교회, 수도원을 박살내고 지도인사들을 살해하였으며 홍위병에 의해 공개 비판받은 이들은 자존심에 상처받아 자살하기도 하였다. 지금 중국 지도자 시진핑의 젊은 시절처럼 당시 젊은이들은 농촌으로 강제 파견되어 몇 년을 지내야했다. 다행히도 1968년 들어서면서 홍위병이 몇 개의 파벌로 분열현상을 보이기 시작하고, 중앙정부는 2천만 명에 달하는 홍위병에 대한 군사적 우위를 달성하게 된다. 문화대혁명이 사실상 종료되고 1976년 모택동이 사망하면서 등소평이 실권을 장악하기 시작한다.

모택동의 시대가 저물고 등소평의 시대가 오면서 제국주의 침략, 일본의 학살, 국민당과의 내전, 대약진운동과 문화대혁명이라는 역사적인 사건들을 100년 동안 겪어오던 이빨빠진 호랑이 중국은 다시 원래의 자리로 돌아오기 위한 여정을 시작한다.

02 | 고통과 번뇌, 그리고 돌아온 여명

발동 걸린 시장경제

대한민국은 여전히 전 세계 개발도상국들의 존경과 관심을 받는 국가다. 일제 식민지 시절 국가의 인력과 자원을 모두 수탈당하여 말 그대로 아무것도 지니지 못한 채 맨 바닥에서 시작하여 불과 반세기만에 선진국의 문턱까지 달려왔다. 석유도 없고 다이아몬드도 없으며 농지도 부족하다. 있는 것은 사람뿐이며 이들은 강한 교육열을 갖고 있다. 그러나 교육열이 선진국으로 도약할 수 있었던 핵심원인은 아니다. 전 세계에 교육열 강한 국가는 많지만 모두가 선진국은 아니기 때문이다. 중요한 차이점은 국가 지도자의 능력이다. 대한민국은 박정희 대통령이라는 거인이 있었고, 1962년부터 1981년까지 시행된 경제개발 5개년 계획은 한강의 기적을 불러왔다. 박 대통령은 발전소와 기간산업 구축을 시작으로 경부고속도로 건설, 중동 건설노동자 진출, 베트남 전쟁 파병, 독일 광산노동자 및 간호사 파견, 한일 배상금 협의, 중화학공업 집중육성 등 5개년 계획을 바탕으로 순식간에 올림픽을 개최할 경제력과 능력을 보유한 국가로 변신시켰다. 싱가포르의 리콴유 총리는 질투했고 베트남은 도이모이 정책을 만들었다. 지금도 개발도상국들은 박정희 대통령의 새마을운동을 모방하고 있다. 그런데 재미있는 점은 등소평이 개혁개방을 본격적으로 시작한 시점이 1978년으로서 대한민국 박정희 대통령의 4차 5개년 계획이 끝나가는 시점이었다. 등소평은 박정희 대통령과 대한민국, 그리고 포항제철을 부러워하였다. 이런 중국은 지금도 5개년 계획을 하고 있다.

작은 거인이라는 별명을 가지고 있는 등소평은 평소 흑묘백묘론이라는 실용적 사상을 강조하면서 중국 개혁개방을 시작하였다. 1978년 중국 공산당 11기 3중전체회의에서 시작된 사회주의 시장경제는 선전, 주하이 등 경제특구를 개방한다. 이 특구에 투자하는 기업에 대해서는 각종 특혜가 주어졌고 저렴한 인건비로 인해 외자유치가 시작된다. 이의 성공을 지켜보며 양자강 일대 등 경제개방구를 추가로 신설하고 중국은 서서히 제조업의 강국으로 변모해간다. 그러나 사회주의 국가에 자본과 외국기업이 들어오니 빈부격차는 당연하고 사회기풍이 오염되며 특히나 1989년 천안문사태마저 발생하면서 기존 지도층들이 이러한 개혁개방에 대해 의심하기 시작하였고 긴축정책을 시행하는 등 보수적으로 변해갔다. 1904년생인 등소평은 개혁개방의 퇴조분위기를 감지하고서는 1992년 노구를 이끌고 선전과 상하이 등을 돌면서 개혁개방 지속의 중요성을 강조하였다. 이를 남순강화라고 칭하며 등소평의 노력 덕에 중국은 다시금 경제발전으로 방향을 전환한다. 대한민국에 박정희, 싱가포르에 리콴유, 중국에 덩샤오핑이 없었다면 지금의 발전이 없었을 것이다.

경제가 궤도에 오른 뒤 중국에는 추가적인 호재들이 발생한다. 아편과 노동인력을 거래하던 홍콩은 중국 본토가 공산당에 의해 지배되자 기존의 자본가들이 막대한 자금을 들고 홍콩으로 건너왔다. 이 자본을 통해 홍콩은 섬유제품, 전자제품 등 제조업을 중심으로 급성장하였고 이들 제조산업이 한국 등에 의해 밀려나자 금융과 서비스 산업으로 눈을 돌려 지금의 국제금융 중심지가 되었다. 이런 홍콩에 대해 1980년대 오랫동안 등소평과 영국의 대처총리가 반환문제를 토론한 것이다. 점령기간을 연장하려던 대처 총리에 대해 등소평은 무력사용까지 고려하면서 격돌하였고 결국 1997년 일국양제라는 타협점을 통해 홍콩이 중국으로 반환되었다. 2

년 뒤에는 연 50조원이라는 라스베가스 이상의 카지노 매출액을 지닌 마카오가 포르투갈에서 중국으로 반환되었다. 본토중국인을 포함하여 연간 2~3천만 명이 이 조그만 도시에 도박을 위해 찾고 있다. 다시 2년 뒤 중국은 WTO가입을 통해 세계 경제질서에 편입되었고 이제 개혁개방 정책은 가속을 할 여건이 마련된 것이다. 이렇게 수십 년간 연 10% 내외의 고속성장을 하다가 전 세계는 2008년 글로벌 금융위기를 맞이하고 중국은 이 위기를 잘 극복하면서 역전의 기회를 점차 다져나가고 있다.

왕의 귀환을 숫자로서 알리다.

2008년 글로벌 금융위기 이후 미국과 유럽 경제가 크게 흔들리면서 중국은 안정적인 성장을 유지했다. 이를 보면서 중국으로 축이 넘어왔다는 의견이 많았다. 하지만 불과 몇 년 뒤 미국에서 셰일가스 기술이 발달하고

생산량이 증대하자 양적완화 정책과 더불어 미국은 다시 회복하면서 G1 국가로 발돋움하고 있으며 중국은 경착륙과 고령화와 더불어 일

스케일 자체가 다른 중국

본보다 떨어지는 국가로 전락할 것이라고 예상하는 전문가도 있었다. 아직 겪어보지 않은 미래에 대해서 누구나 의견은 있을 수 있다. 하지만 숫자는 거짓말하지 않고 역사는 되풀이되며 편견이 아닌 상식이 중요하다.

이미 중국은 수많은 분야에서 다른 국가들보다 저 멀리 앞서가고 있다. 그런데 이게 끝이 아니라 단지 시작일 뿐이라는 게 중요하다. 더 멀리 가 버려 대한민국이 잡을 수 없을 경지에 도달하기 전에 막차라도 올라타야 한다. 당장 경제 분야에서 이런 특징이 두드러진다. 중국의 무역거래량은 연간 3조 8천억 달러로 미국의 3조 5천억 달러를 훌쩍 앞서있다. 외화보유고는 3조 달러로서 한화 3천조 원을 보유중이다. 한국의 연간 GDP가 1천 5백조 원이니까 중국의 외환이 한국 전체가 2년 동안 생산해낸 값어치와 동일하다. 한 국가가 수출입시장에 의존하지 않을 수 있는 것은 탄탄한 내수시장의 규모인데 이는 중산층이 얼마나 존재하는가가 중요하다. 미국의 중산층은 8천~9천만 명이다. 이 숫자는 지금도 줄어들고 있다. 반면 중국은 이미 1억 명을 넘어섰고 2억 명을 향하고 있다. 이 숫자는 급격하게 증가 중에 있다. 선진국의 중산층 규모를 보면 미국은 40%대로 하락중이고 프랑스의 경우 거의 70%에 육박한다. 만약 중국 중산층이 50% 수준으로만 성장한다면 이는 7억 명이다. 40%로 성장한다면 5억이 중산층이다. 자동차 시장도 1위, 스마트폰 시장도 판매도 1위, 핀테크 기업도 1위, 매일 탄생하는 창업기업도 1만 5천개로 1위, 관광인구는 정치적 도구로 사용될 정도로 압도적 1위다. 곧 세계 최대공항이 2019년 베이징에 신설되며 2020년대에는 세계 최다 공항보유국이 된다. 고속철도는 중국제가 60%를 차지하며 세계 1위이고 운행구간도 2만 km에 달하여 세계 1위다. 이 길이도 2020년인 3년 뒷면 3만 km로 50%가 늘어난다. 따라잡을 수 있는 국가는 없다. 과학논문과 특허획득, 이공계 대학생 배출은 물론이고 심지어 우주분야에서도 2017년 세계 최다 로켓 발사를 기록할 예정이다. 세계 최초의 X선 펄서 항행위성을 발사하여 중성자별의 X선을 탐지하고 있고, 우주분야 인력만 50만 명이 종사하고 있다. 경제와 과학뿐만 아니라 문화 분야에 있어서도 2017년 이미 8천개가 넘는 영화관에서 43,700개의 스크린 확보로 미국의 5천개의 영화관과 40,700개의 스크린을 앞서가고 있다. 영화시장 자체도 한 해 14억 명, 그러니까 모든 중국인이 1년에 한 번은 영화를 보는 셈이다. 영화수입이 8조 5천억이다. 한국에서는 대박 났다고 할 때 천 만 관객을 기준으로 한다. 최근 중국에서 중국판 람보로 불리며 대박난 '전랑2'의 경우 1억 4천만 관객이 관람했다. 잘못 쓴 게 아니라 정확히 1억 4천만이다. 지금은 더 늘었겠지만.

지속적인 경제성장률, 전략적인 경제계획, 탄탄하고 안정된 지도층, 방대한 영토와 세계 최대의 인구, 3천조 원의 외환보유고, 매년 쏟아지는 창업기업들과 이공계생들, 전 세계에 자본력을 갖추고 정착중인 화교 및 유학생들, 이들은 중국에 대한 애국심과 과거의 영광에 대한 그리움, 제국

주의 침탈과 학살에 의한 사무침을 끌어안고 지금도 하나씩 세계 1위의

자리를 차지해나가고 있다.

03 | 다시 일어서리라, 그리고 다시 찾으리라

80년대 필자의 어린 시절 경북의 어느 시골마을, 아침마다 새마을운동의 노래가 들리고 어른들은 아침부터 청소하고 집을 짓고 장사하고 신이 나서 살아갔다. 그 모습을 지켜보는 나조차도 기분이 좋았다. 동네에 거지라고는 없고 모두가 일자리를 원하는 대로 가졌다. 곧 서울올림픽도 성대하게 개최하고 한국이라는 나라는 전 세계의 개발도상국가들이 우러러보는 선망의 대상이 되었다. 한강의 기적, 아직도 그 생생한 모습이 떠오른다. 대한민국, 대만, 홍콩, 싱가포르라는 아시아의 4龍 중 하나로서 선진국의 문턱까지 1960년부터 숨가쁘게 5개년 계획대로 차곡차곡 성장해 왔다. 물론 지금은 인구정체와 좁은 국토, 지속적인 북한 도발, 기술부족과 인재부족이라는 다양한 요소들에 의해 성장률이 멈출 지경이지만 말이다. 이런 폭발적 성장경험을 가진 것은 우리만이 아니다. 1800년대 말 메이지유신 시대의 일본이 그랬고, 1차 대전을 전후로 미국이 그랬으며 300년 전 영국의 모습 또한 그랬다. 다들 급속하게 성장을 이뤄낸 경험이 있는 것이다. 하지만, 인구·영토 등 다양한 분야를 중국과 비교해보면 이들은 작은 돌로 말할 수 있다. 작은 돌이 산을 굴러가도 큰 파괴력은 없다. 그러나 중국이라는 거대한 바위가 산을 굴러가기 시작하면 엄청난 가속도로 인해 그 파괴력이 어마어마하다. 중국은 이제 내려가기 시작했다. 가속도가 붙어 아무도 멈출 수 없을 정도의 힘을 가지기전에 중국을 멈추려는 시도가 곳곳에서 벌어지고 있다. 그러나 용의 승천을 막기에는 역부족일 것이다. 어떤 이들은 이런 지수, 저런 이론 등 갖가지 이야기를 하면서 중국이 승천하지 못할 것이라고 단정짓는다. 일단 그런 말을 하는 자체가 두려움이 있기 때문이다. 민주화된 국가가 아니니 내란이 일어날 거라는 둥, 인구가 과하고 고령화를 피해갈 수 없기에 곧 경제가 경착륙하거나 파탄날 거라는 둥, 환경오염이 심각해서 사람이 살 수 없을 땅이 많아지고 패권주의적 성향으로 인해 다들 중국을 멀리 할 거라는 등 자기만의 생각들을 풀어낸다. 이런 사람들의 특징이 있다. 동전의 한 면만 볼 줄 안다. 역사적 통찰력이 없다. 감정을 앞세워 이를 이론적으로 뒷받침하려한다. 이미지에 고착되어 진실을 보지 못한다. 한 사람의 말만 듣고 그걸 사실로 받아들이는 얕은 사람들이다. 서양의 파워가 세계로 뻗어나가던 시절, 백인들은 악어사냥을 하려고 흑인들의 아기를 돈 주고 사서 그 아기를 악어의 미끼로 삼았다. 아기가 먹히면 그만이고 악어를 먼저 잡아도 그만이었다. 인권이 탄생한 국가는 어디인가? 영국은 중국과의 무역에서 돈벌이가 시원치 않아 국가에서 마약을 대량으로 팔아 중국인들을 마약쟁이로 만들고 돈을 가져갔다. 그리고 불만을 표시한 중국에 전쟁으로 보답했다. 공정한 무역거래를 외치는 국가는 어디인가? 일본의 근대사를 말하기에는 전 국민이 너무 잘 알기에 그만두자. 2천 년간 살고 있는데 갑자기 힘센 누군가가 와서 '여기는 약속받은 땅이야'하고 쫓아내고 반항하는 마을은 어린이와 아기까지 사살하는 국가, 그리고 그 힘을 이용해 핵보유국으로 당당하게 주변국을 좌지우지하는 국가는 어디인가? 이런 세계에서 중국의 행동을 바라보면 이해하기가 쉬울 것이다.

탄약고는 이미 채워졌다.

2018년 러시아에서 개최되는 월드컵을 준비한다고 각종 친선경기 등 축구열기가 계속되고 있다. 야구나 풋볼 혹은 배구는 전 세계적인 인기를 끌지 못하지만 유일하게 축구는 글로벌 인기를 갖고 있다. 이런 이유로 축구선수들 연봉은 천문학적이다. 그런데 여기서 우리가 흔히들 착각하는 점이 있다. 가장 유명한 레알 마드리드의 크리스티아누 호날두나 FC 바르셀로나의 리오넬 메시가 세계 최고의 연봉을 받는 게 아니냐고 말이다. 아니다. 소득순위에 있어 호날두는 세계 3위이며 메시는 4위일 뿐이다. 세계에서 가장 고액의 연봉을 받는 선수는 모두 중국 상하이에 있다. 1위는 맨체스터 유나이티드 출신으로 박지성의 절친인 테베즈다. 향수병으로 한 때 고향에 갔던 테베즈는 중국 상하이 선화에서 호날두 이상의 연봉을 제시하자 이적했다. 1년에 500억을 받는 조건으로 말이다. 이는 매 주마다 10억 가까운 주급을 받는 셈이고 사실상 매일 1억 4천만 원을 버는 셈이다. 매일 14만원 버는 것도 힘든데 매일 1억 4천만 원을 중국 상하이 선화에서 준다. 세계 2위도 첼시의 미드필더였던 오스카로서 중국 상하이 상강에서 연봉 300억을 주고 있다. 중국 프로축구리그에는 이런 선수들이 가득하다. 중국 자본의 힘을 보여주는 단면일 뿐이다. 2017년 11월 미국 대통령 도널드 트럼프가 APEC 회담을 위해 아시아를 순방 중에 중국을 세 번째로 방문했다. 이때 시진핑 중국 국가주석이 트럼프 대통령에게 준 선물이 300조 규모의 계약이다. 예를 들어 그 계약들 중에는 보잉기 300여 대를 도입하는 계약이 있다. 보잉 737기와 787기 총 300여 대의 계약금액은 약 40조다. 그렇다. 중국은 돈이 넘친다. 외환보유고만 3,000조 원이 넘고 중국의 국부펀드인 중국투자공사(CIC)의 자본력이 600조원이다. 그러나 중국은 자본만 넘쳐나는 것이 아니다.

방대한 중국의 영토 곳곳을 연결시키기 위한 인프라 시설도 완성단계에 와있다. 중국 고속도로 총 길이는 13만 km로 전 세계 1위고 고속철도 또한 2만 3천 km로 세계 1위다. 여기서 그치지 않는다. 또 다른 산업기반 중에서도 핵심적인 IT산업을 뒷받침할 정보의 고속도로를 위해 차세대 인터넷 이동통신망 5G 구축을 위해 향후 7년간 200조 원을 투자할 예정이다. 중국몽을 실현하기 위해 현실화하고 있는 조건들에는 이와 같은 자본축적과 인프라구축 말고도 무수히 많다. 이미 대중국 포위전략을 풀기위해 아시아 주변으로 국가안보체계를 세밀하게 구축중이다. 10년이 넘는 동안 SCO(상하이 협력기구)의 수장으로서 매년 연합훈련을 실시중이다. 이 조직에는 러시아, 중국, 카자흐스탄, 타지키스탄 등 17개 주변국가가 참여중이다. 이 외에도 동남아, 아프리카에 해외 군사기지를 건설중에 있으며 주요 항로상 니카라과 등에 운하를 개척 중에 있다. 군 내에서도 싸워 이길 수 있는 최첨단의 군대로 과감한 개혁 중에 있다. 과거의 7대 군구를 해체하고 5개 전구사령부와 육군사령부를 창설했다. 기존의 18개 집단군을 13개로 축소하고 30만 병력 추가감군을 하고 있다. 여기에 첨단 스텔스기, 무인기, 항공모함, 핵잠수함 구축 등을 완료하면서 세계로 뻗어나갈 준비를 착실히 하고 있다.

첨단기술의 블랙홀

1978년 개혁개방을 하면서 경제특구와 경제개방구를 비롯해 중국 전역에서 노동자들이 40년간 저렴한 인건비를 받으면서 자본을 축적한 결과 지금 중국은 달러가 넘친다. 더 이상 해외시장에 의존하지 않아도 될 정도로 중산층이 성장 중에 있다. 동부 연안에 치중된 산업들이 내륙으로 이전하고 서부개발을 위한 고속도로, 고속철도 그리고 인터넷 및 이동통신망도 최신화되고 있다. 그러나 중국은 자신들의 한계점을 잘 알고 있다. 마치 과거에 라디오와 전자렌지를 만들던 삼성이 지금은 스마트폰과 반도체를 통해 연간 수십조 원의 영업이익을 달성하듯이 중국도 첨단기술을 선도해 나가야만 중국몽을 실현할 수 있다는 사실을 말이다. 이러한 꿈을 달성하기 위한 전략도 차근차근 진행 중에 있다.

일단 첨단기술을 확보하는 방법 중에서 가장 쉬운 것이 첨단기업 인수합병이다. 가령 중국의 임금수준이 동남아에 비해 상당 폭 상승하면서 인건비 경쟁력이 사라지고 이를 만회하기 위해서는 전 영역에 로봇화를 도입해야한다. 매년 10%의 인건비 상승과 증가되는 복지비용을 해결해야 하기 때문이다. 2016년 중국 미디어그룹이 세계 로봇시장 4위의 독일 KUKA로봇사를 인수한 것이 대표적이다. 또한 중국 하이인캐피털은 보스턴에 있는 인공지능 로봇회사인 누렐라에 투자했다. 군사 분야에 있어서도 중국의 시페이사는 유럽의 항공기 제조사 FACC, 미국 항공기 제조사 에픽에어 등 연달아 인수했다.

하지만 첨단기업을 인수하는데 치중하다보면 자체적인 연구개발능력이 떨어지게 되고 자본에 과하게 의존하게 된다. 즉 체질 자체를 첨단화하려면 우수한 인재가 필요하다. 인재란 갑자기 등장하지 않기에 중국은 천인계획을 2008년부터 시행하면서 우수한 인재를 해외에서 유치하고 있다. 현재까지 6천 명에 가까운 인재들이 중국으로 유치되었다. 이들은 정착금, 연봉, 연구비, 주택, 의료 등의 혜택을 받으며 중국 과학기술 각 분야에서 중국을 1위로 올려놓고 있다. 천인계획은 2012년 만인계획으로 확대되어 전 세계의 중국 인재들을 흡수하고 있다. 주로 미국에서 공부한 연구원들이 많고 박사후 과정을 거친 고급인력도 많다. 게다가 거물급들도 불러 모으고 있다. 노벨물리학 수상자 양전닝, 컴퓨터관련 최고상인 튜링상 수상자인 야오치즈 박사도 중국을 선택했다. 이와 같은 귀국 인재들이 지금의 극초음속 비행체 시험성공, 스텔스 전투기 J-20 개발, 인공위성 발사를 이끌어오고 있다.

부활의 시기, 그리고 트럼프의 등장

세계 어느 국가이건 지금 시점에서 균형잡기를 위해 노력하고 있다. 2017
년 11월 APEC 회담과 트럼프의 아시아 순방시 미국과 중국은 정상회담
을 하면서 자국의 이익을 극대화하고자 노력하고 있다. 바야흐로 G2의
시대다. 중국이 이렇게 빨리 성장할 줄은 아무도 몰랐을 것이다. 지금까
지 예상하던 기간을 단축해가면서 성공을 이뤄냈으니 말이다. 더군다나
지금의 성장속도라면 2028년엔 중국이 미국의 GDP를 앞선다. 2016년
미국 18조 달러, 중국 11조 달러였는데 경제, 군사, 기술, 인구 등 온갖 지
표에서 두각을 드러내고 있고 일대일로, AIIB, SCO 등 중국으로 줄을 서
는 모습이 보인다. 미국도 손을 놓을 수 없다. 더 크기 전에 손을 봐야할
것이다.

당장 중국의 수입원을 공격하고 있다. 미국은 중국에게 무역불균형을 시
정하지 않을 경우 환율조작국으로 지정하여 불이익을 줄 것이라고 경고
하고 있다. 미국 재정부가 환율조작국으로 선정할 때 조건은 세 가지다.
먼저 대미 무역 흑자가 200억불을 돌파해야 하고, 둘째로 경상수지 흑자
가 GDP 3%를 초과해야하며, 마지막으로 환율에 개입하기 위해 GDP 2%
이상의 외화를 매수해야 한다. 환율조작국으로 지정되면 당연히 무역 제
재를 받는다. 지정 후 중국산 수입품에 40% 이상의 관세를 부과한다는

것이다. 아직까지는 압박카드로만 존재하고 있다. 또 다른 경제적 방해 수단은 M&A 저지다. 안그래도 경쟁력있고 자본이 넘치는 중국 기업들이 M&A를 통해 첨단기술과 유통망을 확보하고 브랜드를 가지게 되면 중국 경제는 막을 수 없다. 결국 미국과 유럽 등 첨단기술을 가지고 있는 기업들이 중국으로 넘어가지 않도록 저지해야 하는 것이다. 중국의 인수합병에 있어 선도적인 켐차이나 회장 런젠싱의 경우 미국 비자가 나오질 않아 인수합병의 기회를 놓치기도 했다. 대놓고 방해한 사례도 있다. 중국의 전자기업인 푸젠그랜드칩이 반도체 기업 아익스트론 자회사를 인수하고자 할 때 오바마 대통령은 대통령 권한으로 M&A 포기명령을 냈다. 이렇게 안보상의 이유로 기업 인수를 방해한 사례는 많다.

미국이 중국의 부상을 막기 위해서는 경제 분야뿐만 아니라 안보분야에도 노력해야 한다. 대표적인 것이 트럼프 대통령이 취임하자마자 타이완 총통과 통화한 사례다. 미국 대통령으로서는 37년 만에 처음으로 대만 총통에게 전화하면서 하나의 중국이라는 중국의 안보 원칙을 흔들어 놓았다. 아시아 국가들의 중국 편향을 막기 위한 노력도 병행중이다. 트럼프 대통령의 아시아 순방은 일본-한국-중국-베트남 순으로 진행되었다. 기존 우방국들과의 동맹을 강화하고 동남아시아 지역에서의 우위를 유지하기 위함이 크다. 사실 일본은 확고한 미국의 동맹이다. 미국 덕에 자위대를 정식군대로 만들 수 있고 아베노믹스라는 환율조작 수준의 정책으로 인한 반짝 경제성장도 시행하고 있는 것이다. 중국 견제도 하고 말이다. 남사군도로 충돌중인 필리핀과는 군사기지를 다시 유치하면서 포위망을 좁혀나간다. 남쪽의 맹주 인도와는 연합훈련을 하면서 끌어들이고 있다. 대만에는 첨단무기를 판매 허용함으로서 우방을 강화시킨다. 아프가니스탄에 미군을 주둔시키고 미사일 방어체계는 지속적으로 업그레이드 시키고 있다.

중국은 포위당하다가 힘을 잃어가며 서서히 야망을 포기할 것인가? 그렇게 생각하는 사람들이 많다는 것이 신기할 따름이다. 예를 들어 누군가 나를 포위하고 있다고 치자. 그런데 포위하는 사람들이 내가 없이는 미래도 없다는 것을 알면 어떻게 할까? 반면 나와 함께하면 막대한 이익과 개발이라는 화려한 미래가 온다는 것을 알면 어떻게 행동할까? 단순한 상식을 무시하고 미래가 아닌 현 시점, 그리고 제 분야가 아닌 군사력분야만 놓고 보는 편협한 시각을 가진 판단이 많다. 중국과 연결된 국가가 너무 많다. 중국이 없이는 성장이 없는 국가가 너무 많다. 중국의 인프라 투자와 경제 투자가 없었다면 빈곤을 벗어나질 못할 국가가 너무 많다. 이점을 알고 있기에 중국은 아예 유라시아 전체를 중국과 연결하고 있다. 아메리카대륙과 일본을 배제하고 말이다. 과거 영광의 시대를 재현해나가면서 유라시아 지역은 도로, 철도, 공항, 항만, 운하, 인터넷, 위성으로 끈끈하게 연결되고 있다. 연결되는 인프라 위로 사람과 자원과 정보, 자금이 끝도 없이 왕래할 것이다. 이 사업이 시진핑의 일대일로 사업이다. 이 사업을 현실화 시키는 자본이 AIIB다. 어떤 이는 미 해군력이 석유길만 차단하면 이런 사업도 끝이라고 한다. 중동과 말라카 해협과 동남아시아 및 일본 영해 등 석유의 이동로가 미국의 손에 있다고 말이다. 1980년대 국제정치를 배운 사람이라면 이런 소리를 할 수 있다. 석유수입이 안되어 중국이 망할 것이라는 사람들에게 말해주고 싶다. 중국은 석유수입 안해도 되는 나라라고 말이다. 먼저 셰일가스 매장량에 있어 중국이 미국의 2배가 넘는다. 중국은 세계 최대 셰일가스 매장국으로서 미국의 수압파쇄공법만 더 업그레이드시키면 일명 초대박난다. 조만간 수입 안한다! 게다가 석유를 대체가능한 차세대 연료인 커란빙조차 매장량이 방대하다. 커란빙이란 99% 메탄으로 구성된 농축덩어리다. 극히 적은 양으로도 석유보다 몇 배나 에너지를 발생시키며 타고나면 물과 약간의 이산화탄소만 남긴다. 700억 t에 달하는 매장량이 남중국해와 중국 근해에 존재한다. 채굴기술만 발전하면 석유를 대체할 것이다. 둘째로 왜 아직도 석유타령인가? 중국은 이미 전기에 기반을 둔 경제구조로 탈바꿈해가고 있다. 전기차 생산 세계 1위, 수출 1위가 중국이다. 곧 중국 주요도시는 내연기관 차량을 타고 다닐 수 없고 전기차를 구매해야만 한다. 기술력도 1위다. 태양광, 풍력, 수력, 전기 등 석유 매장량도 세계 1위인데 석유가 필요없는 산업분야도 1위다. 단순한 포위전략은 이미 활주로를 떠나버린 중국을 끌어내릴 수 없다.

사자는 먹이를 보고, 용은 하늘을 본다.

 중국을 용이라고 칭하는 것은 이유가 있다. 그저 중국의 상징이 용이기 때문은 아니다. 사자와는 다른 질적인 수준의 차이가 명백하기 때문이다. 먼저, 중국이라는 국가가 패권국이 되어가는 특징이 있다. 영국을 예를 들어보자. 영국이 세계를 제패한 첫 시작은 스페인과의 전쟁에서 승리하고 나서다. 그리고 제국주의를 통해 전쟁을 확대하면서 여러 국가들의 인력과 자원을 가져가고 시장을 넓혀나갔다. 일본은 어떠했나? 서양의 모든 것을 그대로 모방하고 나서 약간의 힘을 가지자마자 러시아, 중국, 동남아시아, 한국, 심지어 미국과 전쟁을 하면서 온갖 자원을 약탈하고 조선인들을 노예처럼 일본 땅에서 공장일과 건설일을 시켜가며 자신들의 근대화를 이뤄냈다. 이후에도 한국전쟁을 통해 자신들의 폐허가 된 땅을 다시 일으킬 돈을 벌었고 베트남전을 통해 다시 한 번 돈을 번다. 우리는 일제 강점기하면 마루타 부대가 떠오른다. 그러나 문제는 그들의 잔인함과 비인권적 성향에 맞춰져있다는 것이다. 사실 그들이 마루타 실험을 통해 아직도 약탈을 해가고 있다는 사실이 중요하다. 당시 마루타로 불리던 중국인과 한국인을 산채로 배를 갈라 페스트로 감염된 벼룩을 집어넣고, 임산부의 배를 갈라 아기를 꺼내 실험하고, 엄마와 아기를 방에 가둔 뒤 바닥을 불태워 엄마가 먼저 살려고 하는지 아기를 먼저 살리는지 실험하는가 하면, 온갖 생체실험을 통해 생화학, 의학적 자료를 쌓아왔다. 그 주범이 일본군 이시이 시로 중장이다. 하지만 수많은 중국인과 한국인이 모르는 매우 중요한 사실이 있다. 2차 대전이 종료되고 전범재판이 열렸지만, 마루타부대의 간부들은 어디로 갔는가? 아무 재판도 받지 않고 살아남아 도쿄의대 · 녹십자 · 제약회사로 취직하여 자신들의 실험결과를 바탕으로 지식을 활용하고 그래서 일본이 노벨상들을 받는 데 크게 기여한다. 그들이 노벨상을 받고 우리는 받지 못한다고 실망하던데 그들이 받는 노벨상은 정당한 노력과 학습의 대가가 아니라 우리 조상들의 고통과 피의 대가였던 것이다. 문제는 여기서 그치지 않는다. 이렇게 비열하게 발달시킨 생화학과 의학으로 약을 만들면 비싼 값에 우리가 사고 있다. 우리 조상의 대가를 받기는커녕 그 결과물에 대해 우리 돈을 지금도 바친다. 중국인들 마루타가 더 많았으니 그들은 얼마나 억울할까? 게다가 이런 잔인한 현실을 다른 나라들은 몰라준다. 이렇게 강대국이었던 국가들은 전쟁과 약탈을 통해 계속 강해졌다.

중국은 역사적으로 어떠했나? 중국이 주변국가를 전쟁을 통해 침략한 역사가 2천 년 전의 수나라와 당나라를 제외하고 있었는가? 아마 누군가는 재빠르게 원나라가 고려를 침략했고 청나라도 조선을 침략했다고 대답할 것이다. 그러나 자세히 들여다보자. 중국은 몽골족, 여진족, 거란족 등 오랑캐들의 침략을 받아오고 이를 막고자 만리장성을 쌓은 민족이다. 원나라는 몽골족의 나라였고 청나라도 만주족의 나라였다. 즉, 중국 침략의 역사는 한족이 아니라 오랑캐의 역사다. 한족이 중국의 패권을 잡던 시기는 문화적으로 경제적으로 융성하게 발전하여 주변에 그 풍요의 열매를 전해주었다. 이렇게 주변국을 안정화시키면서 진정한 강대국이 되어갔다. 다른 나라와의 전쟁을 통해서, 무기판매를 통해서, 자원약탈을 통해서 성장한 나라들과는 질적으로 다르다.

성장의 또 다른 질적 차이가 있다. 그것은 모방과 창조다. 여기서 다시 일본이 등장한다. 아직도 일본의 기술력이 정점에 있다느니, 일본 핵심제품이 없으면 우리 산업 자체가 마비된다느니 하는 사람들이 있다. 일부는 맞는 말이다. 그러나 국가적으로 크게 바라보자. 일본 사무라이들이 과학기술을 연구하고 발전시켜 지금의 일본을 만들었나? 100% 순도의 철저한 서양 모방을 통해 성장했다. 그런데 100년 전만 그랬던 것이 아니라, 수천 년 전부터 일본이라는 민족은 중국과 한국의 것을 모방만 하고 살아왔다. 그들이 스스로 만들어낸 것을 떠올려보자. 없다. 일본은 모방의 국가다. 문화강국이라고 추켜세워주는 이들도 있는데 모든 것의 뿌리는 모방이다. 스스로 해낸 것이 없는, 모방과 약탈과 이웃 국가의 전쟁을 통해 돈을 버는 국가다. 곤충으로 치면 뭘로 비유가 가능할까? 중국은 어떤가?

Chapter

II

승천, 용들이 이끌다

01 | 그들의 상대는 하룻강아지들

새 정부가 들어선지 불과 몇 개월도 되지 않은 시점에 이 글을 쓰고 있다. 그럼에도 불구하고, 대통령의 지지율은 여전히 고공행진 중이다. 너무 인기가 높은 덕에 아예 처음부터 연임을 시켜주려는 지지자가 많은 것 같다. 오랜만에 제대로 된 리더를 만난 한국으로서는 요즘 행복하다는 반응이 많은 것이 사실이다. 한국 국민에게는 행운이라고 할 수 있다. 하지만 여기서 잘 생각해보자. 왜 우리는 지속적으로 우수한 리더를 만날 수 없는 것일까? 도대체 무엇이 문제이길래 리더들은 임기가 끝나면 조사를 받고 구속되는 것일까? 리더가 책임져야할 국력의 성장세는 어디로 사라져 버린 것일까? 그 답은 매우 간단하다. 지속적으로 훌륭한 리더를 배출하는 국가시스템이 문제였던 것이다. 탁월하고 현명한 리더가 5년마다 선출되어 이 나라를 이끌어주었다면 지금의 청년들이 일컫는 '헬조선', '코리아패싱'이라는 용어가 나오지 않았을 것이다. 이 시점에서 누군가는 이렇게 물어볼 수도 있다. 그런 훌륭한 리더의 부재는 전 세계적인 공통점이 아니냐고 말이다. 그렇지 않다. 수십 년간 검증되고 선발된 리더들이 장기적으로 국정을 운영하고, 후임자에게 체계적인 인수인계가 실시되는 국가가 있다면 그 나라의 미래는 어떨까 궁금하지 않은가? 그 나라가 바로 우리 옆에 계속 있어왔던 중국이다. 정말일까? 중국의 리더는 다른 국가의 리더보다 정말 우수할까? 미국과 유럽을 포함한 선진국들이야말로 깨끗하고 능력있는 리더들을 선출하는 것 아니었나? 중국은 인맥과 금권으로 정권교체하는 것 아니었나?

세계 최강국의 지도자, 미국 대통령

그럼, 중국을 알아보기 전에 다른 국가의 리더부터 한 번 살펴보자. 특히 요즘들어 임기가 1년 밖에 되지않은 상태에서 탄핵논란과 反트럼프운동이 가열되고 있는 미국을 보자. 현 미국 대통령 도널드 트럼프는 어떤 자

도널드 트럼프 주요 약력	1946년	뉴욕 퀸스에서 3남2녀 중 넷째로 출생
	1958년	뉴욕군사학교(중·고교) 입학
	1964년	포덤대학 입학
	1966년	펜실베이니아 와튼스쿨(경영대학원) 입학
	1971년	아버지 사업 물려받아 회사 이름을 '트럼프 그룹'으로 바꾸고 뉴욕 맨해튼에서 부동산 개발 사업 시작
	1983년	뉴욕 트럼프타워 오픈
	1996년	미스 유니버스 조직위원회 인수
	2000년	개혁당 대선 후보 출마 뒤 경선 포기
	2004~15년	〈NBC〉 '어프렌티스' 프로그램 진행(You're fired 유행어)
자료: 트럼프 홈페이지, 저서 전동	2015년	**공화당 대선 경선 후보 출마**

미국 대통령 도널드 트럼프 약력 (출처 : 한겨레)

질과 능력을 가지고 있는 리더일까? 간단히 말해서 그는 부동산업자이자 유명방송인일 뿐이었다.

외교, 안보, 국제정세, 서민의 삶 등 국가통치에 필요한 기초가 없다. 1946년생인 트럼프는 70년대부터 뉴욕에서 부동산 개발을 통해 사업 입지를 구축하였다. 트럼프 그룹을 세우고 호텔과 골프장을 인수하였으며, 맨해튼 핵심부위에 빌딩들을 지었다. 2000년대에는 미국 유명방송 NBC 의 프로그램인 '어프렌티스'의 진행자를 맡았었다. 그 외에 각종 미인대회 를 개최하기도 하였고 프로레슬링에 출연하기도 하였다. 그는 공직자 생활도 해본 적 없었고 군 경력도 없으며 주변에 항상 미인들로만 채우는 스캔들과 거친 입담으로 인한 구설수로 유명하다. 그럼에도 불구하고 초 강대국 미국의 대통령으로 당선되었다! 놀랍지 않은가? 세계 최강대국이 자 민주주의의 리더격인 국가의 국민들이 그를 뽑아준 것이다. 여러분이 보기에 트럼프가 미국을 운영하기에 걸맞는 능력과 경험을 지녔다고 단

언할 수 있는가? 트럼프뿐만이 아니다. 르윈스키와 섹스스캔들을 일으킨 클린턴 대통령은 당선될 당시 주지사 경험이 전부다. 그나마 성공적인 대통령으로 물러난 버락 오바마 대통령도 변호사, 주 상원의원, 미국 상원의원 경험이 전부다. 한때 냉전시대의 한 축을 이끌었던 레이건 대통령조차도 젊은 시절 약 30년간 헐리우드의 영화배우였다. 이러한 독특

주별 선거인단(출처 : 이글루)

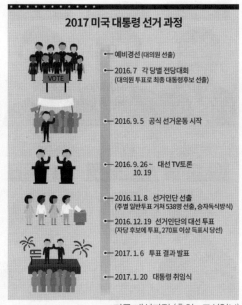

미국 대선과정 (출처 : 조선일보)

한(?) 경력을 가진 인물들이 전성기 로마조차도 비교되지 않는 초강대국 미국을 이끌어 왔다니 놀랍기만 하다.

대한민국 제 19대 대선후보 명단 (출처 : 선데이저널)

미국의 선거제도 자체도 우리의 시각에서 보면 특이하고 괴이하다. 물론

이를 찬양하는 사람들의 입장에서는 가장 효율적이라고 하지만, 분명한

것은 국민들이 직접선거를 하지 못하기에 전체 득표수에서 뒤쳐져도 선거인단 538석 중 270석 이상만 확보만 되면 승리하는 것이 미국의 대통령 선거제도이다. 더 놀라운 것은 3억이 훨씬 넘는 미국인들에게 사실상 민주당과 공화당이라는 두 개의 옵션 밖에 없다는 점이다.

5천만의 대한민국은 지난 대선 때 몇 개의 옵션을 가졌는가? 19대 대통령 선거에 등록한 후보가 15명이었다. 후보도 많고 그들의 정책도 다양하여 그나마 선거하는 재미가 있다. 미국은 두 옵션뿐이다. 이를 커버하기 위해 주요방송사에서 후보들간 인신공격 위주의 대선토론회를 한다. 그러니까 잘 생각해 보자. 위와 같은 이유로 인해 지금의 미국이 어떤 상태인지를 말이다.

한때 세계 2위였던 강국의 지도자, 일본 총리

그럼, 가까운 일본을 한 번 살펴보자. 일본은 사실상 총리가 리더이다. 독특한 점은 우리나라와 다르고 미국과는 유사하게 간접선거 방식에 의해 총리를 선출한다는 점이다.

미국에 상·하원의원이 있다면 일본에는 참·중의원이 있다. 그리고 미국에서는 선거인단 투표가 있다면 일본에서는 위의 사진처럼 다수당을

일본총리 선출과정(출처 : NHK)

차지할 경우 여당의 당수가 총리가 된다. 여기서 더 재미있는 점은 야당이 성장할 시점에 총리가 의원들을 모조리 자를 수 있다. 이미 10월에 아베 신조가 국회 해산을 하고 총선거를 하기로 결정했는데, 이는 1945년 이후 23번째 벌어진 일이다. 자신이 유리한 시점에 국회의원을 전원 해고한 후 총선거를 할 수 있도록 해놓고 총리를 간접선거로 선출되는 이 제도가 과연 안정적인 정치제제인지 궁금하다.

이렇게 선출되는 총리들은 도대체 어떤 사람들일까? 지금의 총리는 아베 신조. 경복궁을 점령했던 자의 손자이자 정치가문의 자손이다. 그렇기에 의원과 장관 경력 말고 이슈가 될 만한 것이 전혀 없다. 야스쿠니 신사참배라든지 총리 부인의 부정부패 말고 극우라는 사실이 이슈가 될 만하겠다. 혹자는 아베노믹스를 통해 일본의 경제를 잃어버린 30년이 되지않도록 구해준 게 대단한 능력이 아니냐고 반문할 지도 모르겠다. 경제란 그저 아베노믹스처럼 환율을 가지고 장난질하거나 양적완화를 통해 튼튼해지는 것이 아니다. 극히 일시적인 현상일 뿐 국가 전체의 산업 경쟁력과 풍부한 인재의 풀이 있어야만 장기적인 회복이 가능한 것이다. 아베 이전의 총리들은 어떠했을까? 고이즈미 전 총리의 경우도 마찬가지로 의원과 장관 경력이 전부이고 동일하게 이슈가 된 것은 야스쿠니 신사참배와 극우적인 성향이다. 고이즈미 총리는 잃어버린 경제를 일시적으로 회복조차 시키지 못하였다. 2008년부터 1년간 총리를 지낸 아소 다로 또한 마찬가지다. 일제 강점기 시절 증조부는 조선인을 강제노동시켜 많은 재산을 모은 사람이고, 본인은 한국전쟁 덕분에 일본 경제가 재건되었다고 망언한 바로 그 총리인데 집안 회사의 사장과 중의원 정도가 경력의 전부다. 이와 같은 일본 총리들의 자질 뿐만 아니라 임기는 더욱 가관이다. 아소 다로가 1년, 후쿠다 야스오도 1년, 하토야마 유키오도 1년, 노다 요시히코도 1년 남짓이다. 그나마 최근 가장 오랫동안 총리직을 수행한 것이 고이즈미인데 약 5년이다. 나머지 총리들도 2년을 넘지 못한다. 이런 총리들이 어떤 일관성있는 정책을 적용할 수 있었을까? 잃어버린 20년이라는 말이 왜 나오는지 이해가 가지 않는가?

한때 세계 1위였던 대영제국의 지도자, 영국 총리

미국, 일본을 둘러봤으니 마찬가지로 국력이 많이 시들어버린 최근 유럽 리더들의 자질은 어떨까? 영국을 먼저 확인해보자. 불과 100년 전만 하더라도 해가 지지않는 대영제국이라 불리며 전 세계의 곳곳에 식민지를 만들었고, 그 전에는 산업혁명의 근원지로 폭발적인 성장을 했던 영국. 그렇게 영광스럽던 과거는 점점 사라지고 지금은 영국이 내세울 것이 별로 없다. 최근 갑부도시 1위로 런던이 선정되었지만, 우리가 현재 알고있는 영국의 제품이 있던가? 반도체, 철강, 조선, 전자, 자동차, 영화, 음악, 서적, 공연, 군사 등 모든 분야에서 영국의 우수성은 온데간데없다. 매일같이 노동자 파업과 시위가 이어지고 런던의 부동산과 물가는 세계 최고를 달리며 국방비가 없어 운용중인 함정과 장비들을 헐값에 팔고 있는게 지금의 영국이다. 미국이나 한국에서조차 영국식 발음을 들으면 놀릴 정도니 대영제국은 더 이상 없다. 어떻게 지도자를 선정하고 어떤 지도자들이 선택되어 왔을까?

영국은 일본 총리 선출방식과 유사하다. 아니, 일본이 영국과 유사하다고 해야겠다. 여하튼, 영국 총리는 5년마다 실시하는 하원의원 선거결과 650석 중에서 326석의 과반수 이상을 차지하는 당의 당수가 총리로 임명된다. 국민이 직접 선출하지 않는다. 국민들은 650명의 하원의원을 뽑을 뿐이며 총리는 당에서 정하는 것이다. 일본과 같다. 정치가 혹은 엘리트 집안에서 대대손손 높은 자리를 이어받는 것도 일본이나 미국과 유사하다. 최근 데이비드 캐머런 총리의 경우 국왕 윌리엄 4세의 후손이며 런던에서 태어나 이튼칼리지와 옥스퍼드대학교를 다녔다. 부시, 아베, 캐머런과 같은 지도자들의 공통적인 점이다. 그렇기에 영국에서 40대 초반이라는 굉장히 어린 나이에 한 국가의 지도자인 총리로 될 수 있는 것이다. 데이비드 캐머런은 43세, 토니 블레어는 44세, 존 메이저는 47세에 총리직을 수행하였다. 능력이 있다면 나이는 중요하지 않을 것이다. 그러나 평생을 정치 혹은 일부 장관직만 해오다가 40대라는 젊은 나이에 한 국가를 경영한다면 그 국가의 미래가 어떨 것인지 대략 가늠할 수 있다. 현대국가는 방대해진 행정체계와 글로벌리즘이라는 지구적 연계성으로 인해 상당한 경험과 연륜이 필요한 것이 사실이다. 그런데 40대 초반에 이런 능력을 겸비했을까? 국민이 직접 선출한다면 선진국의 국민들이 이런 사람을 선출할까 의심스럽다.

02 | 용광로를 견딘 그들, 용이 되다

어릴 적 초등학교와 중학교, 고등학교를 다닐 때 반장을 많이 해봤다. 30여명이 넘는 반의 반장이 되어 담임선생님과 직접 대화할 일도 많고 자습시간에 통제도 하고 여러 수업시간에 발표도 많이 해봤다. 그럴수록 어렸던 나의 마음은 우쭐해졌다. 조금 공부 잘하고 선생님 말 잘 들으면서 친구들과 사이좋게 지내면 반장이란 자리는 쉽게 얻을 수 있는 자리였다. 지금 생각해보면 저 시골의 학교에서 반장을 해봤다는 건 정말 내 입으로 말 할 자랑거리가 되지않는다. 그래도 반장은 반장이었으니 무언가 인정

받았다는 것 아닌가? 30명 중에서 말이다. 그럼 만약에 1,400,000,000명 중에서 1이 된다는 것은 어떤 걸까? 무언가 인정받은 정도일까? 중국 공산당 정치국 상무위원들 말이다. 아마 한국인의 95% 이상은 시진핑이라는 이름 정도만 알고 나머지 6명의 중국을 좌지우지하는 상무위원 이름은 들어본 적도 없을 것이다. 그러나 그들이 14억 분의 1의 자리를 차지한 사람들이다. 그저 빽이 좋아서 그럴 수 있다고 생각하면 오산이다. 중국 정치원로들의 2세들을 지칭하는 '태자당'이면 다 기회가 올까? 전혀 그렇지 않다. 중국이 부패했으니 돈이 많아 뇌물을 주면서 올라갔겠지? 이것도 오산이다. 그들은 배경과 자본의 힘에만 의존하지 않고 철저하게 실력으로 올라간 사람들이다. 물론 약간의 관운도 필요했지만 말이다. 앞의 시진핑을 소개했지만, 분명한 것은 상무위원들도 그에 못지않은 산전수전을 겪고 하나하나가 주석의 자리에 올라도 전혀 이상하지 않은 사람들이라는 점이다. 주석의 자리 정도가 아니라 어느 국가에 가더라도 대통령이나 총리직을 수월하게 해나갈 수 있는 능력자들이다. 그런데 이런 엄청난 배경과 능력과 관운을 지닌 사람들 7명이 매번 모여서 국정을 토의하고 전략을 수립하여 일치단결해서 중국을 끌고나가니 어찌 발전하지 않을 수 있을까? 14억의 인구와 광대한 영토를 혼자서 다스리는 것은 절대 불가하다. 이들이 있기에 가능한 것이다. 고작 1억도 안되는 인구와 조그만 영토를 지닌 국가들이 전 세계에 수두룩한데 이 국가들의 정책 추진력이나 비전이 지금의 중국보다 우수한가? 지도자의 문제다. 도대체 정점의 자리에서 중국을 이끄는 상무위원들은 어떤 자들일까? 어떻게 그 자리까지 올랐을까?

시황제로 불리는 사나이, 시진핑의 길

현재와 가까운 미래의 중국을 알기위해 가장 먼저 확인해봐야 할 사람이 시진핑이다. 특히 최근 들어 G2라는 용어가 등장하면서 도널드 트럼프 미국 대통령과 함께 우리의 언론에도 매일 등장하는 인물이다. 그러나 대개의 사람들이 트럼프에 대해서 자세히 모르듯이 시진핑에 대해서도 언론 상의 이미지와 뉴스만으로 판단한다. 트럼프에 대해서는 그저 부자,

시진핑 주석 (출처 : 위키백과)

기업가, 거친 입담, 협상능력의 이미지를 가지고 있다. 사실 트럼프를 알고 싶다면 그의 저서 '불구가 된 미국', '거래의 기술' 등과 같은 저서들을 읽어보면 된다. '거래의 기술'은 그가 젊은 시절부터 사업을 해오던 과정을 수기형식으로 만든 책이다. 여기서 그의 협상에 임하는

방식과 과감함, 투박한 듯 보이지만 치밀한 계산을 한다는 사실을 알 수 있다. '불구가 된 미국'을 보면 그가 대통령이 되어 하고 싶었던 국방력 강화, 미국 산업의 부활, 이민정책과 보험에 대한 정리작업을 할 것임을 충분히 파악할 수 있다. 그러나 시진핑에 대해서는 직접 저술한 책이 없기에 관련 서적을 보는 수밖에 없다. 하지만 트럼프와 시진핑을 비교할 때 분명한 사실이 있다. 트럼프는 기업가로 성장해왔고 시진핑은 지도자로 성장해왔다는 것이다. 일단 그의 경력을 살펴보면 알 수 있다.

일단 그는 1953년 생으로 현재 65세다. 태어나기는 베이징에서 태어났지만, 자란 곳은 산시성이다. 태생적으로 중요한 점은 그가 태자당이란 점이다. 아버지가 국무원 부총리를 역임한 시중쉰이다. 어쨌든, 시진핑도 문화대혁명의 물결을 피해가지 못하고 산시성 옌안시 량자허촌에서 하방 생활을 7년간 한 뒤 칭화대학교 공정화학과를 졸업하게 된다. 그 후 1979년부터 국무원 부총리의 비서로 중앙에서 일을 시작하다가 허베이성 현서기, 푸젠성 샤먼시 부시장, 푸저우시 당서기, 푸젠성 당서기, 저장성 당서기, 상하이시 당서기를 역임해왔다. 2007년에 당 정치국 상무위원으로 발탁되고, 2008년 국가 부주석이 된다. 이후 2013년 국가 주석으로 선출되었다. 이와 같은 경력만 보아도 시진핑이 약 40년간 어떤 일들을 해왔는지 알 수 있다. 일단 현재까지 중앙과 지방에서 업무를 하면서 전국의 실정을 알고 있다. 그리고 현 단위 서기로부터 국가주석의 자리까지 단계적인 상승을 통해 관료사회를 꿰뚫고 있다. 이것을 어떻게 비교해야 할까? 예를 들어 대한민국의 대통령 중에서 이장, 면장, 시장, 군수, 도지사를 거쳐 총리직을 수행한 뒤 대통령이 된 인물이 있었던가? 없다. 만약 그런 경력의 인물이 있었다면 대한민국이 얼마나 수월하게 발전할 수 있었을까? 그런 인물이라면 시골 할머니의 고민과 도시 서민의 고민들을 현장에서 체험하고 버스비가 얼마인지 저축은 얼마나 하는지 민생을 정확히 알지 않을까? 수많은 행정단위의 장을 맡으면서 지도능력을 기르고 각종 대외업무를 하면서 정세판단이 명확하지 않을까? 중국은 그런 지도자를 수십 년 째 가지고 있다는 것이다. 세상의 다른 국가들을 보라. 인기가 좋아 당선된 대통령, 기업만 해오던 대통령, 아무것도 모르는 새파랗게 어린 대통령, 군부 쿠데타로 집권한 대통령, 3대째 물려받은 독재자 등 온갖 종류의 국가 지도자들이 많다. 그런데 중국은 철저한 지도자 선발시스템이 있고, 이를 견제하는 집단지도체제가 구축되어있다. 이 지도자가 되기 위해 지금도 차기 주자들인 후춘화, 쑨정차이, 천민얼과 같은 이들은 암투도 하고 아부도 하지만 자신의 업적을 쌓기 위해 밤낮으로 외자유치하러 다니고 민생을 시찰하고 기업의 의견을 들으며 국제회의를 주관하고 있다. 시진핑은 그런 수십 년의 과정을 거치고 마침내 1인자의 자리에 올랐고, 지금은 그 체제를 더욱 공고히 만드는 과정에 있다.

중국 제2인자, 총리 리커창의 길

리커창의 공직경력은 다음과 같다. 1955년 7월 3일 안후이성(安徽省) 딩

위안현(定遠縣) 출생으로, 1976년 5월에 중국 공산당에 입당, 1976년

~1978년에는 안후이성 펑양현 다먀오공사 다먀오대대 당지부 서기를 지

냈으며, 1982년 베이징대학 법학과 졸업하였다. 1994년 베이징대학 경제

학 박사학위를 받았다. 1982~83년 베이징대학 당위원회 서기, 1983~85

년 공산주의청년단 중앙학교부 부장, 공산주의청년단 중앙서기처 후보서

기 역임하였으며, 1985~93년 공산주의청년단 중앙서기처 서기 겸 전국

청년연합회 부주석을 맡았다. 1993년~98년 공산주의청년단 중앙서기처

제1서기 겸 중국청년정치학원 원장을 지냈고, 1998~99년 허난성(河南

省) 당위원회 부서기, 성장대리를 역임하였으며, 1999년~2002년에는 허

난성 당위원회 부서기, 성장을 역임하였다. 2002~04년에는 허난성 당위

원회 서기, 전국인민대표대회 상무위원회 주임을 지냈으며, 2004~07년

에는 랴오닝성(遼寧省)

당위원회 서기를 역임

하였고, 2007년에는 당

중앙정치국 상무위원,

랴오닝성 당위원회 서

기, 전국인민대표대회

리커창 총리 (출처 : 인민망)

상무위원회 주임을 맡았으며, 2008년에는 당 중앙정치국 상무위원, 국무원 부총리를 지냈다. 2013년 3월 15일 중국 양회에서 국무원 총리로 임명되었다.

중국의 시진핑 주석 아래, 경제 분야를 총괄하는 넘버 2의 자리를 맡고 있고 한 때 국가주석의 자리에도 오를 뻔 했던 리커창. 최근 중국 지도자들의 공통적인 성향인 이·공학 분야와는 다르게 법학과 출신이다. 그럼에도 불구하고 그의 박사과정 논문은 저명한 경제학 분야 상을 수상하였고, 현재의 중국 경제도 경착륙할 것이라는 근래의 언론보도와 다르게 4차 산업혁명 관련 산업을 비롯해 전 분야의 고속성장을 유지하고 있다. 중국 경제파워는 리커창의 영국 방문시 파격적으로 영국여왕이 접견하게 할 정도였다. 최근에는 서구에서 시작하고 줄곧 강조해온 세계화와 개방화의 물결이 폐쇄적으로 변질되자 중국 리커창 총리가 오히려 개방과 포용을 강조할 정도이다. 어떻게 이런 능력을 가지게 된 것일까? 공산당 간부로 활동한 1976년부터 총리로 임명되는 2013년까지의 38년간 공직생활안 경제학 박사학위 취득, 당위원회 서기, 성장, 상무위원회 주임 등 정치활동과 경제활동을 장기간 해오면서 검증을 받은 것이다. 중국 경제의 현재를 알려주는 리커창지수를 만들 정도로 신뢰를 받는 것이다. 정치에만 몸담고 있다가 어느날 갑자기 총리가 되는 국가도 있는데 중국 총리는 철저하게 수십 년 간 인정받은 것이다.

명문가의 자제, 위정성의 길

그렇다. 상무위원이자 전국정치협상회의 주석인 위정성은 중국내 명문가의 후손이다. 아버지는 저장성 텐진시장을, 어머니는 베이징 부시장을 지냈다. 그의 아버지는 前 중국주석인 류사오치의 제자로 컸고 심지어 前 장쩌민 주석을 수하에 두었던 사람이다. 더 놀라운 사실은 그의 할아버지들 중에는 청나라 시절 세금국장, 대만의 국방부장이었다. 그 자체로 태자당이다. 이런 인맥을 가지고 있으니 위정성은 어릴 적부터 고급 공산당 간부 자녀들만 다닌다는 베이징의 소학교와 중학교를 다녔고 하얼빈의 군사공정대학에 들어간다. 하지만, 그 세대들이 절대 피해갈 수 없는 태풍이었던 문화대혁명을 엘리트 후손인 위정성도 겪게 된다. 오히려 엘리트였기에 더 고통스러웠다. 그의 가족들은 처형당하고 여동생은 고문당하고 정신병에 걸려 자살했다. 위정성도 공장기술자로 7년이야 고생한 뒤에야 베이징으로 돌아왔다. 태풍이 지나간 뒤부터 인맥의 힘을 얻기 시작했다. 아버지의 수하였던 장쩌민의 도움으로 전자공업부 부소장까지 승진하게되고, 이 후 1987년에는 옌타이시의 시장을 역임한다. 6년

위정성 상무위원(출처 : 신화망)

뒤에는 맥주로도 유명한 칭다오시 시장을 하면서 한국과의 경제협력 확대와 주택보급률 상승 등 대담한 추진력을 발휘하면서 능력을 과시한다. 결국 2001년엔 후베이성 서기직을 맡아서 성급 관리능력을 익힌다. 여기서 당시에도 가난한 성이었던 후베이의 농업분야를 개혁하고 공무원 수를 줄여 재정을 강화하는 한편 비자금 척결과 특권차량 폐지 등의 비리청산을 하는 모습을 보여준다. 2002년에는 정치국 위원으로 발탁되면서 중앙에서의 관리능력을 경험한다. 2007년엔 고위 공산당 간부들의 중요보직인 상하이시 당서기직을 맡는다. 물론 여기에도 장쩌민의 배려가 작용했으나, 그는 상하이의 도시개발을 이끌고 2010년 상하이 엑스포를 성공적으로 개최하는 등 실력으로 보여주었다. 이렇듯 정치가문의 자손이기에 후광을 등에 업기도 하였지만, 문화대혁명의 아픔, 중앙정부와 지방정부에서의 관리경험, 한국과의 경제협력 경험, 국제행사 주최경험 등이 조화되어 지금의 위정성을 만들었다.

부패청산의 선두, 왕치산의 길

중국에는 다양한 사람들이 많다. 왕치산도 그 중의 하나다. 산둥성 칭다오의 평범한 집안에서 태어나 뛰어난 머리로 상무위원까지 갔으니 말이다. 지금까지 시진핑의 오른팔 역할을 잘 해왔지만 1948년생이라 정치경력이 얼마 남지 않았다. 그도 다른 이들처럼 문화대혁명의 아픔을 겪었다. 당시 내륙의 시골인 산시성 옌안으로 하방되서 농촌생활을 하다가 우연히 박물관에

왕치산상무위원 (출처 : 중국경제)

서 일을 얻었다. 박물관의 일을 하다보니 역사에 관심을 갖고 1973년엔 서북대학 역사학과를 입학한다. 여기를 졸업한 뒤 다시 박물관에서 일을 하다가 중국사회과학원 근대역사연구소에서 일자리를 얻었다. 역사를 공부하다보니 경제에 관심도 가지게 되었고 혼자 방대한 독서를 통해 당시 총리였던 자오쯔양의 관심을 끄는 경제보고서를 작성할 정도의 수준이 되었다. 결국 자오쯔양과 경제토론을 하게 되고 이때부터 본격적인 능력 발휘가 시작되었다. 1983년 공산당원으로 발탁되고 그의 역사지식과 경제지식이 무기가 되어 주룽지 총리에 의해 인민은행 행장까지 승진하게 된다. IMF가 한창이던 1997년에 주룽지 총리의 지시로 광동성에 파견되어 사태를 안정화시키고, 2002년 하이난성의 부동산거품도 해결하고 그 뒤 베이징 시장직을 할 때는 유명했던 사스문제를 해결하는데 공헌했다. 이렇게 유명세를 타면서 결국 정치국 상무위원의 자리까지 올라갔고 현재는 중앙기율검사위원회 서기로써 뒷돈을 없애는 일을 하고 있다.

그의 능력은 방대한 독서량에서 기인한다. 남들을 넋을 잃고 듣게 하는 역사지식과 경제전문가 이상의 경제지식, 그리고 해결사로서의 판단력을 가능케 한 것이 그의 독서다. 동서양 고전과 실용서적 등의 폭넓은 독서를 통해 지금의 왕치산이 되었다. 나이가 나이인지라 곧 물러나겠지만, 역사를 꿰뚫음과 동시에 경제를 볼 줄 안다는 것은 리더로서 가장 기본적이지만 다들 갖추지 못하는 부분이다.

03 | 용들을 보좌하는 새끼용들

14억의 인구와 광대한 영토를 지닌 국가를 한 사람이 통치한다는 것은 현실적으로 불가능하다. 그렇기에 7인의 정치국 상무위원들이 각자의 역할을 하면서 조화롭게 지도역량을 발휘하는 것이다. 하지만 이 사람들이 아무리 뛰어난 전략과 정책을 세워도 이를 14억이 따르게끔 현장에서 지도하는 존재들이 절대적으로 필요하다. 바로 그들이 9,000만의 공산당원들이다. 우리가 공산당원이라 하면 북한의 공산당원들처럼 항상 감시하고 국민을 억압하고 비리를 저지르는 존재들이라 쉽게 선입견들을 가진다.

아직도 자칭 중국전문가라고 하는 일부 사람들은 공산당 때문에 중국이 내분이 일어나거나 민란이 일어나 붕괴될 수 있다고 한다. 이런 시각이야 말로 북한 공산당을 바라보는 관점을 중국에 그대로 투영한 것이다. 한마디로 얘기하자면 중국과 북한의 공산당은 다르다. 중국 저 구석의 시골에라도 가서 물어보면 그들은 공산당 덕에 이렇게 먹고 살 수준이 되었다고 얘기한다. 전략적인 5개년 계획과 손발이 척척 맞는 정책 추진력, 영리한 투자, 우수한 두뇌들 덕에 사실 전 세계의 빈곤률이 대폭 줄어든 것이다. 그렇지만 먹고 사는 것보다 자신의 종교적 신념이나 언론의 자유를 원하는 자들은 탄압당한다. 공산당이 중국을 세계의 패권국으로 다시 일으켜 세우려면 힘이 한 방향으로 가도 외부의 방해세력들 때문에 어려운데, 내부에서 힘을 빼는 자들을 가만 놔둘 리 있겠는가? 또한 중국도 점차 투명해지고 있다. 공산당 때문에 붕괴는커녕 더 확장되고 있다. 중국몽을 이뤄내고 있는 것이다. 9천만의 공산당원들이 부지런히 중앙의 전략을 현실화시키기 때문이다. 이 사람들이 미래 중국의 지도자가 되기 위해 중앙과 지방에서, 군대와 정부에서 수 십 년 경력을 쌓아가며 성장하고 있다.

공산당원? 사상만 투철하면 되는거 아냐?

우리 주변에 중국인들이 많다. 정부기관에서도 일하고 방송국에서도 일하고 기업에서도 식당에서도 어디서나 중국인들이 보인다. 그들 중에 공산당원들이 많지만 스스로 밝히지는 않는다. 하지만 내가 나중에 공산당원이었구나 하고 알게 된 중국인들은 여지없이 똑똑했다. 똑똑하다는 의미는 다양하다. 한국에서 똑똑하다고 소리 들으려면 암기에 뛰어나거나 계산능력이 있으면 된다. 하지만 머리 좋다는 의미에는 다양한 지능적 요소들이 들어간다. 공간을 파악하는 공간지각능력, 상황이 어떻게 돌아가는지 센스있는 상황판단능력, 상대방의 감정을 순식간에 파악할 수 있는 공감능력, 실마리 하나를 보고 앞뒤전후와 미래를 내다보는 추리능력, 특징을 뽑아내는 추상능력, 여기에 추가되는 것이 암기능력과 계산능력일 뿐이다. 즉, 똑똑하다고 할 때는 종합적으로 봐야한다. 내가 겪은 공산당원은 똑똑했다. 종합적인 의미로 말이다. 논리적이고 박식했다. 중국에서도 지방대 출신임에도 그 정도의 능력을 갖췄는데 다른 9천만의 공산당원들은 어떤 실력일까 궁금해진다. 이런 인물들 중에서 뛰어난 사람이 3천명의 중국 공산당 전국대표가 된다. 그리고 그들 중에서도 뛰어난 인물이 공산당 중앙위원회 300명에 들어간다. 더 뛰어난 자가 중앙정치국 위원 25명 중의 하나가 되고 이들 중에서도 7명이 상무위원인 것이다. 그리고 그 7명중의 1인자가 시진핑이다. 놀랍지 않은가? 저 말단의 공산당원이 되려고 해도 나이가 18세를 넘어야하고 공산당원 2명의 추천을 받고 당의 심사를 거쳐야 정식으로 공산당원이 되는 것이다. 기본적으로 경쟁률이 10대 1 정도까지 간다. 신청한다고 바로 심사로 들어가는 것도 아니고 수

년간 갖가지 교육과 훈련과 봉사활동을 통해 사상 및 능력을 평가받는 것이다.

기업가도 공산당원이 될 수 있다고?

공산당과 자본경제, 어울릴까? 상식적으로 반대되는 개념들이라 어색하다. 중국과 중국 공산당의 역사를 공부했던 사람들은 아는 사실이지만, 중국 공산당의 근본은 농민계층이었다. 1940년대 장개석의 국민당과 모택동의 공산당이 국공내전을 벌이면서 장개석은 도시와 자본에 의지한 전투 위주로 전개하였고, 모택동은 전국에 뿌리 깊은 농민층의 지지를 기반으로 전투를 전개하였다. 결국 모택동의 승리로 끝이 나고 장개석은 대만으로 피난하여 지금의 대만을 만들었다. 모택동으로부터 장쩌민 시대까지 농민 기반의 지지는 변함이 없었으나 2002년 장쩌민 주석의 '3개 대표 이론'이 등장한 이후 변화가 시작되었다. 즉, 중국 공산당은 노동자, 농민뿐만 아니라 민영 기업가나 지식인을 포함하여 모두를 대표해야 한다는 것이다. 중국내 전체 인민을 대표하는 당이 되겠다는 의지다. 그러나 이 이론의 의미는 시대를 반영한다. 중국의 경제성장에 따라 기업인과 전문인력을 끌어안지 않고서는 국정운영이 어렵기 때문이었다. 마치 등소평의 개혁개방정책이 기업인들에게 1차였다면 장쩌민의 3개 대표

이론은 2차라고 볼 수 있다. 기업인이 공산당에 가입하게 된 이후 2007년 중국 공산당 전당대회에서 하이얼그룹 회장 장루이민은 기자회견까지 할 정도였고, 각 성마다 당 대표에 민간 기업가들이 이름을 올리고 있다. 2017년 공산당 중앙위원회와 국무원은 '기업가의 건전 성장환경을 조성하고 우수 기업가 정신을 널리 알려 그 역할을 잘 발휘하도록 하는 점에 대한 의견'을 공표하기도 하였는데, 이는 중국 공산당이 기업가를 중시하고 그들의 기업가 정신을 강조하는 것이며 문서화된 사례이다.

그러나, 과연 중국이 세계경제체계에 편입됨에 따라 경제인의 중요성이 부각되고 결국 공산당에 가입시켜주었다는 단순한 의미일까? 그렇지 않다. 정치지도자 선출과정이나 국가전략수립처럼 이 모든 것은 중국이라는 한 국가내의 모든 역량을 한 방향으로 집결시켜 극도의 효율성을 발휘하겠다는 의미일 것이다. 즉, 중국을 실질적으로 장악하고 있는 공산당이 기업에도 간접적이 아닌 직접적인 지휘체계를 구축했다는 점이다. 이제 중국 대기업들도 공산당의 지침과 전략에 따라 국가를 위해 일하는 하나의 기관이라는 점이다. 이를 더욱 강조하고 독려하며 보호하려는 의도가 2017년 국무원이 발표한 기업가정신이다. 특히 최근 중국을 포함한 각 국가의 주요전략인 4차 산업혁명 선도에 있어서도 기업인들이 공산당과 손을 잡고 전략적으로 추진 중이다. 마화텅 텐센트 회장, 리옌훙 바이두 회장, 레이쥔 샤오미 회장, 양위안칭 레노보 회장이 양회에 참석하여 디지

털 경제, 인공지능, 정보통신과 교육평등을 강조한 바 있다. 이제는 기존 공산당원들이 국가를 이끌어간다기 보다 기업가들이 공산당을 선도하여 국가를 이끌고 있는 추세가 되었다. 그것도 전략과 협동에 의해서 말이다. 각 기업 간 일치된 목표나 전략도 없고 자원소모적인 경쟁만 발생하는 것보다 더 효과적일 것인지는 시간이 알려줄 것이다.

공산당원만 되면 끝? 다이아몬드로 만들어주마.

인재들 중에서 엘리트를 공산당원으로 맞아들이면 이제 그들의 경력은 시작된다. 시진핑, 왕치산, 리커창과 같은 상무위원들처럼 중국의 파워는 공산당원들의 능력에서 비롯된다. 우리는 한 분야의 전문가를 우대하는 성향이 많지만, 사실 전문가는 전문직에 있는 것이 좋다. 국가 또는 기관을 운영하는 자는 인문학적 소양은 물론이거니와 다양한 분야의 경험이 접해져 폭넓은 판단능력과 상황대처능력이 길러지는 것이다. 우리는 이런 시스템이 없다. 경제하는 사람은 경제만 하고 외교하는 사람은 외교분야만 안다. 그 안에서도 한쪽만 알고 다른 부서의 업무는 모른다. 이런 사람들이 후에 총괄적인 판단을 할 수 있을까? 중국 공산당의 인재육성시스템은 다르다. 수십 년에 걸쳐 다양한 일들을 맡기면서 키워나간다. 그리고 경쟁시킨다. 경쟁에서 탁월한 자는 공산당의 중앙으로 올라간다. 지방으로 보냈다가 중앙에서 일을 시키다가 다시 지방과 중앙을 오가게 한다. 그것도 한 분야에서 순환하는 것이 아니라 경제쪽 일을 했으면 다음엔 외교나 안보 분야를 맡기고 다음에는 정치 분야를 시키는 형식이다. 담금질이 매우 강하다. 이런 과정을 거치다보면 누가 우수한 인재인지도 평가가 된다. 이런 경력을 모두 기록하는 데이터베이스를 공산당은 가지고 있고 활용한다. 인재선발, 인재육성.....그리고 더 있다. 인재교육이다. 지방과 중앙, 경제와 정치 등을 오가면서 일을 하는 중에도 공산당은 당교에서 교육을 시킨다. 수십일 동안 집체교육을 하면서 굉장히 수준 높은 세계 동향을 가르친다. 이 교육을 통해 전 공산당원들이 하나로 된 지식과 사상과 관점을 보유하게 된다. 우리는 공무원들을 이렇게 키우고 있을까? 요즘 공무원 9급만 되면 집안이 들썩들썩하게 흥분한다는데 공무원 집단에 인재가 많이 들어온다는 증거일 것이다. 문제는 이들을 인재육성과 인재교육을 통해 미래의 탁월한 지도자로 만드는 중국과 같은 시스템이 있는가 의문이다. 국민들이 가지는 공무원에 대한 이미지처럼 오히려 능력이 퇴보되지 않으면 다행이다.

04 | 신세계 질서의 등장 : 용들이 울부짖는 순간

전에 말했지만, 30명은 다스려봤다. 반장할 때, 그리고 소대장 할 때 말이다. 50명도 다스려봤다. 중대장을 했으니 말이다. 솔직히 30명 다스리는 것도 어려웠다. 한 명 한 명 사고칠까봐 면담기록도 남겨야하고 훈련 준비부터 실시까지 계속 통제해야했다. 작업이 있는 날이면 장교라고 어디가서 시키기만 하지 않는다. 병력들보다 더 많이 일하는 모습을 보여야 병력들이 따르기 때문이다. 심지어 가장 높은 언덕에 올라 잘 보이게끔 한 뒤 거기서 열심히 하루종리 곡괭이질도 했다. 소대장이 가장 힘든 일을 하고 있다고 알려주기 위해서다. 휴가도 챙겨줘야하고 잘못을 저지르지는 않는지 감독도 해야 하고 예산도 운용해야하고 중간에 있는 간부들도 관리해야했다. 30명 다스리는데 할 일이 뭐가 이리 많은지 정신을 못 차리겠다. 여러분은 몇 명까지 밑에 두었는가? 공감할 것이라 장담한다. 부하직원 5명인 사람도 그 5명 관리가 무진장 어려울 것이다. 5명이 다 각각의 사고방식대로 업무스타일대로 일하고 상사인 내 관심사나 의도와는 무관하게 움직일 것이 뻔하기 때문이다. 대한민국 대통령도 마찬가지다. 5천만을 다스리는데 이 당은 이걸로 공격하고 저 당은 저걸로 태클걸려고 하고 이 단체, 저 단체 온 사방에서 이것해달라 저것해달라 하다보면 탄원서만 읽어도 10년은 걸리겠다. 게다가 여기도 가야하고 저 행사도 참석해야하고 몸도 피곤하고 말이다. 그런데........중국은 14억이다. 민족은 한족까지 56개!!! 영토의 크기는 한반도의 44배...대한민국의 거의 100배에 가까운 크기다. 이런 나라를 누가 다스릴 수 있을까? 이런 거대한 국가를 다스리는 사람은 어떤 사람일까? 도대체 어떤 방식을 채택해야 이런 국가를 굴러만 가게 할까? 그런데 이 대국은 그저 굴러만 가는 것이 아니라 전 세계의 어떤 국가보다도 빠르게 그것도 정확히 한 방향으로 수십 년째 달려가고 있다. 14억 인구는 자신들이 중국인이라 자부심을 가지고 얘기하고 중국의 국가인 '의용군 행진곡'이 울려 퍼지고 '오성홍기'가 베이징 천안문 광장에서 하늘에 펼쳐지면 애국심과 자부심이 뒤섞인 눈물을 흘린다. 여기서 정말 강하게 느끼는 것 두 가지는 중국인들의 일치단결된 궁지, 그리고 이를 바라보는 나의 강한 질투심이다. 생각만 해도 질투난다. 그들 국력의 성장세와 동일한 모습을 우리나라 80년대에 느껴봤던 나로서는 지금의 현실이 안타깝기 때문이다. 도대체 어떻게 14억이 이렇게 한 마음으로 일치되어 나갈 수 있단 말인가? 누가 그들을 이끌고 있는 것인가? 그 답이 바로 중국 공산당이었다. 일부는 중국 공산당하면 북한의 '빨갱이'를 생각하거나 부자들을 때려잡는 공산주의자의 모습을 떠올릴 수 있다. 틀렸다. 중국 공산당은 사회주의와 시장경제를 동시에 실험하고 있고 성공을 거두고 있는 자본주의화 된 공산당이다.

그 공산당원 수가 9,000만 명이다. 무려! 남한과 북한의 인구를 다 합쳐도 중국 엘리트집단이라는 공산당 수보다 적다. 14억 중에서 9천만 명이면 15명 중 한 명이라는 것이다. 공산당원이 되는 것도 쉽지 않다. 인성, 능력, 추천을 거쳐 정식으로 당원이 되어야한다. 지속적으로 능력을 보여야하고 모범적 생활을 하고 당의 교육을 받아야한다. 이런 그들이 수십 년 한 방향으로 가고 있다. 14억 인구는 이들을 따르며 구질서의 붕괴 현장을 목격하며 신질서를 구축하고 있다. 실크로드를 부활시키고 기축통화로 편입하며 대양으로 우주로 그 성장세를 뻗어나가고 있다. 그 길에 걸림돌이 생기면 거대한 영향력으로 제거해나간다.

세계인구가 75억이다. 1960년 30억, 1974년 40억, 1987년 50억, 1999년, 60억 명, 2011년 70억 명을 돌파했다. 2017년 현재 무려 75억이다. 2023년 예상인구가 80억이다. 그래서 스티븐 호킹박사는 계속 인류를 향해 지구를 떠나라고 하는 걸까? 지구는 온난화되고, 물도 부족, 자원도 부족, 쓰레기는 넘쳐나고 전 세계가 난리다. 그 중에서도 인구가 가장 많다는 중국은 공식통계상 14억 1천만 명! 말 그대로 공식통계다. 호적에 가입하지 못하는 일명 헤이하이쯔(黑孩子, 흑해자)를 포함하면 대한민국의 30배인 15억이 넘는다. 이런 무지막지한 인구가 먹고살면서 매년 10%가 넘는 경제성장을 해왔고 지금도 6%의 성장세(대한민국은 2.5%대)를 유지하고 있다니 대단하다. 정말 대단하다. 경제가 멈추면 15억이 폭동이라도 일으킬 테니 중국 지도부의 고민도 이만저만이 아니다. 그러나 이 또한 가상의 현실일 뿐이다.

인구를 볼 때 여러 각도가 필요하다. 예를 들어 인도처럼 인구는 많지만 그 질적인 수준이 극히 일부만 높다면 인구라는 가치가 없다. 우리처럼 기술력이 있다해도 성장을 이어받아 지속시켜나갈 세대가 없거나 물건을 구매할 수출 대체인구가 없어도 문제다. 미국처럼 인구가 3억이 넘지만 히스패닉과 흑인이 절반 넘게 차지하고 우수하다는 백인과 아시아인의 비중이 중국의 10분의 1밖에 되질 않아도 문제다. 중국은 다르다. 나폴레옹의 말 그대로 잠을 자고 있었을 뿐, 이제 깨어나 가속도를 붙여나가기 시작했다. 하나의 꿈에 도취되어있고, 과거에 맺힌 한을 기억하며, 15억을 일사불란하게 이끄는 조직도 갖춰져있고, 자본과 지식에 대한 열정이 타 국가들과 비교불가다. 이러한 인구의 힘은 구체적으로 무엇인지 살펴보자.

01 | 뉴욕, 런던, 서울, 도쿄, 제주……
어딜 가나 중국인

15억이 넘는 인구, 어딜 가나 중국인이다. 벌써 몇 년째 한국도 피부로 느끼고 있다. 사드 사태 이전까지 명동 상가들의 주 고객은 중국인이었고, 제주도에 부동산투기바람을 불러온 것도 중국인이다. 이제는 수도권과 동해안의 부동산에도 중국인이 있다. 각 대학에는 중국어학과가 인기를 끈 지 오래고, 기업에서도 중국어 능력자들이 넘쳐난다. 예전엔 승진하려고 새벽에 영어학원이나 일본어학원을 다니던 직장인들이 요즘은 중국어학원을 갈 정도니 어딜 가나 중국인과 접촉하는 세상이다. 우리뿐인

가. 캐나다 밴쿠버 사람들은 중국인들이 몰려와 주택을 사다보니 부동산 가격이 너무 올라 오히려 본토사람들이 쫓겨 나가게 되고 반 중국 시위까지 하고 있다. 뉴욕도, 도쿄도, 파리도, 제주도에도, 아프리카도, 심지어 남극과 북극에 조차도 중국인들이 바글바글한다. 이 인구에 의한 중국의 잠재력은 무엇일까?

세계여행에서 만나는 5명 중 1명은 중국인

16년 기준으로 14억이 넘었으니 1964년 이후 52년 만에 두 배로 늘어났다. 그나마 산아제한정책을 실시해서 말이다. 그 정책마저 없었더라면 지금쯤 20억이 훌쩍 넘어갔을 것이다. 5천만을 가진 국가도 이렇게 한 방향으로 가기 힘든데 14억을 일사불란하게 통치하는 걸 보면 대국은 대국이다. 이제 중국어 하나만 잘 해도 세

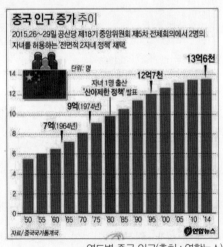

연도별 중국 인구(출처 : 연합뉴스)

성(省)		연말상주인구(만)	증가량(만)
	省份	年末常住人口(万)	增量(万)
광둥	广东	10999	150
산둥	山东	9946.64	99.48
쓰촨	四川	8262	58
허난	河南	9532.42	52.42
안휘	安徽	6195.5	51.9
저장	浙江	5590	51
허베이	河北	7470.05	45.13
광시	广西	4838	42
후난	湖南	6822	39
신장	新疆	2398.08	38.08
복건	福建	3874	35
후베이	湖北	5885	33.5
충칭	重庆	3048.43	31.88
윈난	云南	4770.5	28.7
장시	江西	4592.3	26.7
꾸이저우	贵州	3555	25.5
장쑤	江苏	7998.6	22.3
섬서	陕西	3812.62	19.75
산서	山西	3681.64	17.52
톈진	天津	1562.12	15.17
간쑤	甘肃	2609.95	10.4
내몽고	内蒙古	2520.1	9.1
닝샤	宁夏	674.9	7.02
시짱	西藏	330.54	6.57
하이난	海南	917.13	6.31
칭하이	青海	593.46	5.03
상하이	上海	2419.7	4.43
베이징	北京	2172.9	2.4
랴오닝	辽宁	4377.8	-4.6
헤이룽장	黑龙江	3799.2	-12.18
지린	吉林	2733.03	-20.29

연도별 중국 인구(출처 : 연합뉴스)

계의 5분의 1과 의사소통이 가능한 것이다. 게다가 유럽이나 일본, 한국이 가장 고민하는 것이 인구 고령화 문제와 출산률 저조의 문제다. 중국은 이를 해결하기 위해 2자녀 정책을 실시하니 곧 20억이 되지 않을까?

아마 실감이 나지 않을 것이다. 우리의 경기도, 강원도처럼 중국의 성(省) 단위로 인구를 보자. 저장성, 광시성, 후베이성, 윈난성, 장시성, 랴오닝성의 2016년 인구를 보라. 방금 거론한 성들은 4~5천만 인구를 보유한 성들이다. 한마디로 얘기해서 대한민국 규모를 가진 성들이 다섯손가락을 벗어난다. 이 보다 더 많은 인구를 가진 성들도 많다. 특히 광둥, 산둥, 쓰촨, 허난, 장쑤성은 이미 1억 명을 넘겼거나 곧 1억 명이 될 성들이다. 일본의 인구가 1억 2천이다. 대한민국이 아닌 일본보다 큰

중국 소수민족(출처 : funasia.co)

규모의 성들이 곧 줄줄이 탄생한다. 2자녀 정책, 경제성장, 일대일로 등의 호재를 업고 말이다. 22개의 성, 기타 11개의 성급 도시들 인구가 늘어난 특징 이외에 또 다른 점은 도시화다. 이는 전 세계 공통의 현상이다. 당장 우리도 의성, 김천, 밀양, 여수 등 지방의 도시조차 인구가 소멸되면서 광역시와 특별시, 경기도로 인구가 집중되고 있다. 도시의 자본과 문화적인 매력을 중국인들도 알아버린 것이다. 그럼 이렇게 많은 인구와 넓은 지역을 고려했을 때 우리처럼 사투리가 심해서 언어통일이 되지 않았을까? 그렇지 않다. 중국 국영방송 CCTV에 의해 정확한 표준발음이 전파를 타고 육성은 자막으로 띄워 누구나 쉽게 표준발음을 구사할 수 있도록 해왔다.

중국에 소수민족이 많다고는 하지만(한족을 빼고55개!) 인구적인 측면

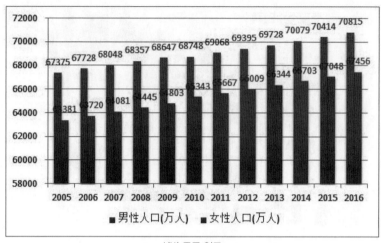

성별 중국 인구

에서 보면 1억을 조금(?) 넘기는 수준이다. 경제적 측면에서나 지도부 구

성면에서 봐도 사실 큰 영향력은 없다. 단지, 이들을 홀대하면 중국 서쪽

의 티베트와 신장 지역의 거대한 영토가 위험할 뿐이다. 물론 민족 통합

을 위해 서부개발, 지원금을 비롯해 각종 혜택을 제공하고 있다. 그리고

중국의 성장을 함께하고 있어 소외감이 별로 없다. 중국을 무너뜨리려면

소수민족이 독립하도록 부추겨야 한다는 순진무구한 생각을 하는 분들도

보았다. 중국 소수민족 중의 하나인 조선족은 자신들을 누구라고 생각할

까? 그들의 대답은 중국인이다. 과거와는 다르다. 중국의 강대함과 성장

에 따른 이득을 포기하고 탄압과 전쟁과 고통을 선택하며 독립할 소수민

족이 있을까?

인구의 고령화와 더불어 발생한 문제는 성비불균형이다. 표에서 보듯이

남성이 훨씬 많다. 이를 두고 남성이 많아지니 사회불안이 커질 거라고 하시는 분들도 본다. 무슨 관점인지? 대개 일본을 제외한 동아시아남성들은 폭력적이지 않다. 연쇄살인사건이나 극악한 범죄가 주로 발생하는 국가가 어디인지 상식선에서 판단해보면 된다. 그리고 우리도 시골총각들은 베트남, 필리핀 등 다문화가정을 통해 해결했다. 지금도 일부 중국인 노총각들은 북한여성을, 부유층의 중국인은 한국여성과 결혼하는 모습이 많이 보인다.

'요우커'.....후안잉 후안잉, 콰이라이바.

THAAD 사태가 있기 전까지 한국 관광산업(쇼핑, 숙박, 운항, 식당 등)은 한류의 여파 덕에 고속성장을 해왔다. 곧 사태가 해결되면 다시 쏟아져 들어올 것이다. 저자는 개인적으로 한국에서 중국인들을 많이 볼 수 있고 중국어를 듣게 되어 반갑다. 살아오면서 많은 나이는 아니지만 일본어, 프랑스어, 중국어, 영어를 접해볼 수 있었는데 한국인에게 가장 습득하기 쉬운 언어가 중국어라고 장담한다. 아직 중국어를 배울까 말까 두려워하는 분들에게 확실하게 말해줄 수 있는 것은 한국인이 6개월만 집중하면 웬만한 의사소통이 가능하다는 점이다. 몇 년씩 배워도 써먹지 못하는 언어에 시간과 돈을 낭비하는 것보다 훨씬 경제적이기도 하다. 예를 들어 지금 당장 한자능력검정시험 2급 수준이면 중국어 원서를 대부분 해독이 가능하다. 특히 간체자(우리가 사용하는 고유의 한자인 번체자를 간략화 시킨 것)도 말 그대로 번체자 일부를 알아보기 쉽게 간략하게 사용토록 만들었고 그 수량도 많지 않기에 금방 익힐 수 있다. 발음도 상당히 비슷하다. 중국을 '쫑구어', 발전을 '파잔', 안녕을 '안닝', 국가를 '꾸어자', 한국을 '한구어'라고 하는 등 완전히 문화와 언어체계가 다른 외국어를 접할 때와는 너무나 쉽게 다가올 것이다. 마치 유럽인들이 영어를 쉽게 배우듯 말이다. 다만 사성이라는 발음체계는 한두 달 정도 원어민에게 과외를 받는 것을 추천한다.

여하튼, 중국의 관광객은 매년 그 수가 확대일로에 있고 이 관광객들이 중국의 전략적 수단이 될 정도로 파급력이 크다. 각 국은 이들을 모셔오려고 안달이니 말이다. 가령 한국의 경우 총 관광객 수는 2016년에만 1,700만 명이었다. 이 중에서 중국인이 800만 명. 이 중에서 40% 이상이 20대의 젊은이들이고 1인당 200만 원 이상의 관광자금을 한국에 풀고

중국 요우커와 싼커로 붐비는 명동

돌아갔다. 이렇기에 세계가 중국 관광객에 열을 올리고 있는 것이다. 2016년에 이미 중국인 1.2억 명이 해외관광을 하면서 120조가 넘는

지출을 했다. 그리고 여행의 방식도 우리가 소위 말하는 배낭여행처럼 바뀌고 있다. 여행사 가이드의 깃발을 따라가기보다 스마트폰으로 명소를 찾아가고 게스트하우스에서 잠을 자며 맛집을 찾아가는 방식이다. 중국 1인당 GDP가 상승할수록 해외관광객수는 꾸준히 증가할 것이고 그럴수록 중국의 전략적 수단이 강해질 것이다. 우리도 그 전략의 대상이지 않은가? THAAD 사태로 인해 2017년 3월과 4월 한국의 관광수지는 매달 10억 달러의 적자를 보고 있다. 경제성장률은 0.2% 추가 하락되고 25,000명의 고용이 사라졌다. 그나마 다행인 것은 이 제재가 서서히 풀리고 있다는 점이다. 중국은 전략적 수단이 참 많다. 여기에 관광이 추가되다니 격세지감을 느낀다. 우리도 중국인 관광객을 시끄럽고 지저분하다고 무시하지 말고 정성들여 대접해야할 소중한 손님으로 여겨야 하지 않을까……이들을 한 번만 오고 다시는 안 오게끔 하려는 게 아니라면 말이다. 한국도 한때 해외여행자율화 이후 어글리코리안이라고 불릴 정도로 시끄럽고 추태부리고 나라망신 시킨다고 했었는데 수십 년 지난 지금은 세련된 해외여행을 하고 있다. 중국은 벌써 세련된 여행문화를 보여주기 시작했으니 조금 더 인내를 가지자. 어마어마한 해외관광 지출이 유럽으로 동남아로 일본으로 몰리지 않고 한국으로 쏟아지도록 말이다.

세계 명문대를 장악한 중국 유학생들

세계에서 가장 많이 해외로 유학생을 보내는 국가는 중국이다. 물론 중국으로 유학을 오는 학생 수에 있어서도 세계 최대지만 말이다. 이렇게 해외로 유학을 가는 것과 강대국으로 성장하는 것과 무슨 상관이 있을까? 중국의 유학 국가를 살펴보면 그 답을 알 수 있다. 2016년 54만 명의 중국 학생들이 해외로

유학을 갔는데 그 중 90% 이상이 미국, 영국, 호주, 독일, 프랑스, 일본 등을 선택했다. 즉 선진국의 기술을 배우러 가는 것이다. 한국의 경우 해외유학생 상당수가 현지취업을 하고 잔류를 하는데 중국 유학생들은 최첨단의 학문을 익힌 뒤 80% 이상이 자국으로 돌아와 창업과 취업을 한다. 수십만 명이 매년 세계 최고의 학문을 머리에 채우고 돌아온다. 저자도 미국에서 중국 유학생 친구들을 많이 만났는데 그들은 중국 최고의 엘

리트들이었다. 게다가 밤낮으로 공부한다. 그들은 과학, 기술, 수학, 공학 분야를 집중적으로 배우고 돌아간다. 이들 수십만이 계속 중국

졸업식 참석중인 중국유학생

의 젊은 피가 되어 활력을 쏟아 부으니 어찌 강대국이 되지 않을까? 한국은 반대의 현상이다. 미국만 놓고보자면 3년 연속으로 유학생 수가 감소 중이다. 한때 미국 내 유학생 수 2위였는데 지금은 중국이 36만, 인도가 20만, 한국이 7만으로 1,2위와 상당한 격차를 두고 있다. 그나마 다행인 것은 일본의 미국 유학생 수가 훨씬 적다는 점이다. 2만 여명으로 브라질과 유사하다. 물론 그들은 일본의 학문이 더 뛰어나 미국 대학에 갈 필요가 없다고 변명한다. 하지만 확실한 것은 학생들의 진취성이다. 세계 최고가 되려는 학생들이 울타리를 뛰어나가 세계로 뻗어나간 다는 것은 국가적으로 이익이다. 자국에 갇혀있는 학생들이 많을수록 그 국가는 뒤쳐진다. 한국의 유학생 수가 감소한 점이 아쉬울 뿐이고, 중국의 증가하는 유학생 수가 부러울 뿐이다.

화교, 중국이라는 용에 올라타다

유대인들 하면 떠오르는 것이 많다. 머리가 좋다, 돈이 많다, 불행한 시절을 겪었지만 재기해서 이스라엘을 건국했다, 미국을 실질적으로 지배한다……등등등. 유럽에서 고리대금업과 은행을 운영하면서 막대한 부를 거머쥐었고 박해를 피해 미국으로 다수 이민 후 거대기업과 미디어와 방산기업 등으로 지배하는 민족. 몇 조도 아니고 몇 경이나 재산을 가지고 있

세궈민 CP그룹회장(출처:포브스)

는지 파악조차 되지 않을 만큼의 재산을 보유한 로스차일드 가문으로 대표되는 유대인 가문들.

여기에 비하면 전 세계 6천만의 화교들이 보유한 약 3000조의 자산은 미약해 보인다. 그러나 이미 동남아는 그들의 손에 들어가 있고, 그 영향력은 중국의 부상과 함께 막강해지고 있다. 특히 '남양화교(南洋華僑)'는 동남아 국가로 진출한 화교를 일컫는데, 전 세계 진출한 6천만 명 이상의 화교 중 85%이상이 말레이시아, 싱가포르, 인도네시아, 태국, 필리핀 등에 거주한다. 그 중에서 1200만 명의 화교가 사는 태국을 살펴보자. 태국 경제의 주축은 화교 기업으로서 예를 들어 세계적인 유통기업 CP그룹과 태국 에너지 음료 레드불을 중국에 진출시켜 성공한 화빈그룹도 화교 회사다. 세궈민(謝國民) CP그룹 회장의 경우, 광둥성(廣東省) 산터우(山頭) 출신으로 태국 화교 이민 1.5세대다. 1979년 덩샤오핑이 개혁개방을 외치자 선전(深圳)

에 투자를 시작하여 오늘날 태국 재계 서열 1위의 그룹으로 일궈냈다. 산동성 출신의 태국화교인 옌빈(嚴彬) 화빈그룹 회장은 중국 내 레드불 음료 유통으로 거부가 되었으며, 옌 회장이 들여온 에너

싱가포르 리콴유 총리(출처:한국경제)

지 음료 '레드불'은 '훙뉴(紅牛)'라는 이름으로 중국에 판매되어 현재 중국 기능성 음료 시장의 80%를 차지하고 있다. 동남아 지역에서 화교 영향력이 상당한 나라 중 또다른 하나가 말레이시아다. 15세기부터 말레이시아에 유입된 화교는 전체 인구의 4분의 1을 차지하고 있으며 경제의 80%를 장악중이다. 특히, 1985년 마하티르 말레이시아 총리의 중국방문 이후, 1988년엔 말레이시아인의 중국 여행 규제가 풀렸고 양국 간 외교관계가 좋아지면서 말레이시아 화교의 입지도 탄탄해졌다. 말레이시아 화교들은 자본 시장에서 보유한 주식의 시가총액만 60%에 달한다. 필리핀 화교는 100만 명 정도로 전체 인구 1억 명 중 1% 남짓에 불과하지만 필리핀 전체 경제의 60% 이상을 장악중이고, 인도네시아의 인구 2억5000만 중 5%인 1250만 명의 화교는 인도네시아 최대 상업은행인 BCA 은행을 포함해 전체 기업 90%이상을 가지고 있다. 미얀마에도 120만 명의 화교가 살고 있으며, 베트남에도 약 130만 명, 싱가포르에도 390만 명이 살고 있다. 싱가포르는 경제발전 주역인 리콴유(李光耀) 전 총리가 화교였고, 현 상장

기업의 80% 이상도 화교 소유다.

그 외에도 아메리카를 보면, 페루에 전체 인구의 10%인 130만 명의 화교가 살고 있고, 3500만 인구 캐나다엔 140만 명, 미국에는 약 500만 명의 화교가 있다. 미국 거주 화교의 경우 가구당 평균 수입이 약 7만 달러로 미국 평균 가구 수입(5만9800달러)보다 17% 정도 높다.

중국인이고, 중국어와 문화를 어릴 적부터 배우고, 현지에 적응하여 탄탄한 입지를 가진 화교들은 본국의 부상과 함께 경제적인 이익을 현실화시키고 있다. 중국 입장에서는 전 세계에 대사를 파견한 것보다 더 이익이다. 더군다나 화교자본이 과거에는 중국의 성장에 투자했는데 요즘은 일대일로라는 중국의 거대계획에 동참하고 있다. 중국의 부상에 없어서는 안 될 필수요소가 되고 있다.

02 | 고령화 문제?
까짓것 더 낳지, 뭐!

산아제한 정책, 그리고 흑해자(黑孩子)

중국은 전통적으로 인구대국이었으나, 서구에 비해 워낙 낙후된 상태로 중국이 탄생하다보니 이미 인구가 4억 5천만 명이던 1950년대부터 인구를 제한하자는 의견이 많았다. 중국 경제학자인 마인추는 신인구론을 발표하면서 산아제한론을 주장하였는데 당시 중국의 생산력이 인구의 증가율을 따라가지 못한다고 전망했기 때문이다. 그러나 인구대국을 지향하

중국 산아제한정책 포스터(출처:China daily)

던 마오쩌둥으로 인해 별로 빛을 보진 못했다. 1970년대에도 만희소정책이라는 출산율 감소 정책을 내놓았는데 일부 효과는 보았다. 사실 본격적인 인구 감소 정책은 1980년 9월 공표된 '한 자녀 정책'으로부터 시작되었다. 그 당시 중국 전체인구의 절반에 해당하는 강제성이 있었고 소수민족이거나 농촌 가구는 여기서 제외되었다. 즉 도시 위주로 집행되었던 것이다. 2000년대 들어서는 초과 출산할 경우 사회부양비라는 명목으로 벌금1만 위안(약 100만원)을 부과하였다. 직장 내에서도 계획생육을 어길 경우 해고까지 되었다.

결국 몰래 둘째 이상을 낳은 가정에서는 이 아이들을 호적에 올리지도 못하고 키우는데 이를 흑해자(黑孩子)라고 한다. 이들은 보통교육도 받지 못하고 예방접종도 못 받으며 사회적으로 아무 지위도 없는 상태에서 돈을 벌기위해 도시로 몰려드는 등 큰 사회문제가 되고 있다. 왜냐하면 이들 무적자들의 규모가 1990년에 이미 3천 만 명이었기 때문이다. 당시 한국인 전체 규모와 비슷하다. 심지어 일부 중국인 부모 중에서는 키울 수 없는 잉여자식들을 몇 만 위안씩 받고 인신매매하며 팔려간 아이들은 주로 소매치기 등 범죄에 이용된다. 계획생육, 즉 한 자녀 정책의 부작용은 흑해자 외에도 소황제 문제가 있다. 재산은 늘어 가는데 자녀는 두 집안 합쳐도 하나뿐이니 이 독자를 애지중지하며 키운다. 그러다보니 과잉보호에 길들여져 자기중심적이고 부도덕한 성격을 지닌 성인으로 성장해버린 것이다. 또한 인구를 어느 세대에서 갑자기 멈추다보니 전반적인 인구 비율이 인위적으로 조정되었고 결과적으로 갑작스런 인구고령화에 직면해버린 것이다. 한국과 마찬가지로 말이다.

경제성장, 그리고 고령화

30~40년 전 까지만해도 일본은 전자산업, 조선산업, 자동차기술을 비롯해 미국을 압도할 수도 있다는 강력한 경제력으로 유명했다. 지금은 아베 신조 총리의 인위적인 환율정책 덕에 겨우 회복세를 보일 정도의 경제력을 가지고 있다. 곧 장기침체로 빠지겠지만 더욱 무서운 것은 고령화 문제다. 안 그래도 장

태극권 연습중인 노인들 (출처:바이두)

수국가인데 고령자가 넘치다보니 일 할 인력은 부족하고 젊은이들은 공부에 몰두하는 것보다 현실에 안주하면서 하루하루 아르바이트로 지내며 방구석에서 자기만의 세계에 몰두한다. 심지어 연애조차 안하는 청년층이 50%를 훌쩍 넘는다. 다시 경제가 살아날까? 부정적이다. 모든 것은 사람에서 시작된다. 한국도 마찬가지다. 사실 일본과 거의 유사한 모습을 띄어가고 있다. 중국은 이 점을 무척 고민하고 있다. 경제성장의 맛을 본 지 얼마 되지도 않는데 벌써 고령화 문제를 고민하고 있다. 규모가 너무 크다보니 노인층은 얼마나 많을 것인가? 이미 기대수명이 80세에 가까워진 중국, 그로인해 고칼슘 저지방으로 무장한 노인용 분유시장이 2조원 가까이 커진 중국의 고령화를 살펴보자.

1980년 9월 시작된 산아제한 정책이 벌서 40년 가까이 되었다. 이로 인해 청년층이 엷어지고 노인 인구는 갑자기 증가한다. 경제활동인구가 2012년을 기점으로 줄어들기 시작했다. 2015년 경제활동 인구는 공식인구 13억 중에서 8억 명이다. 약 70% 수준이다. 2016년 기준으로 60세 이상 인구가 전체의 28%. 2030년엔 사실상 경제활동인구가 55%로 줄어든다. 젊은이들이 점점 많아지는 노인들의 복지기금을 위해 전 세대보다 더 기여해야한다. 원래 구매력이 낮은 노인이 그 수도 많아지면 주택과 자동차 구매율도 떨어지고 이는 중국 건설업과 철강업에 까지 영향을 미치는 등 산업 전반적으로 침체를 가져올 수 있다.

산아제한 정책은 지금 세대에게 고령화의 문제만 던져준 것이 아니다. 전통적으로 중국에서도 남아선호사상이 있다 보니 여아들에 대해서는 낙태, 인신매매 등으로 거부해왔고 이 때문에 지금 중국에서는 남자가 넘쳐난다. 그러다보니 농촌 총각들은 탈북자와 결혼하고 있으며, 조만간에는 한국처럼 동남아에서 신부를 모집해 올 것이다. 스마트폰이 발달한 요즘엔 데이팅앱 가입자 수가 5억 명이 넘어섰다. 온라인 짝찾기 열풍이다.

산아제한 폐지……마음껏 낳고 있는 중국

2016년 대한민국 가임여성 1명당 출산율은 1.17명을 기록했다. 얼마나 심각한 수준일까? 1.3인 경우 저 출산 국가로 불린다. 그 기준보다 한참 아래인 것이다. 초고령화사회로 접어든 일본조차 출산율이 1.45이다. 선진국 중에서 가장 높은 곳은 이스라엘로 3.09였다. 2014년 중국의 경우 1.43이었다. 일본보다 낮았다. 저 출산에다 고령화에다 성비불균형까지 3종 세트로 인구 비율이 악화되어갔다. 그러나 해결책은 간단했다. 2013년 8월 국가위생계획출산위원회는 우선 부부 중에서 한 명이라도 독자인 경우 둘째를 낳도록 2자녀 정책을 시행하였다. 그 해 12월 정식 시행된 이 정책은 2014년 들어 29개 성과 시에서 시행되었고 2015년에 중국 전역에서 시행되었다. 중국의 모든 부부가 2자녀를 가질 수 있게 된 것이다. 한국의 경우 산아제한정책이 없었다. 즉 자발적으로 출산을 포기한 것이다. 이로 인해 전 세계에서 가장 빠른 속도로 고령화사회를 향해 진입중이다. 반면 중국은 낳고 싶어도 못 낳게 벌금을 부과하고 해고했기 때문에 저출산국가가 되었던 것이나 단순한 산아제한정책의 폐지로 곧 출생인구는 두 배로 뛸 수 있는 여지가 생긴 것이다. 연간 신생아 수가 1,500만 명가량 인데 연간 3,000만 명의 신생아가 출생한다면 매년 작은 국가 인구 규모의 젊은 층들이 생겨나는 것이다.

4명의 할아버지, 할머니가 2명의 부부를 낳고 그들이 1명의 자녀를 낳으면서 소황제만 바라보며 살아온 중국인들의 생활양상이 달라진다. 이미 2016년에 곧바로 이 효과는 나타났다. 신생아가 1,800만 가까이 탄생하면서 2000년대 이후 최고의 출산율을 보였다. 특히 동부 연안의 소득이 충분한 가정에서 둘째 아이를 많이 낳고 있다. 이들은 경제사정이 좋아진 중국의 80년대와 90년대 생의 부모들인데 이들은 유교적 가치관을 가지고 있어 자식교육에 매우 열성적이다. 자신들이 커오면서 받아온 각종 고품질의 유아용품을 두 자녀에게 제공하면서 이들 시장이 더 확대되었고 두 자녀들이 자라면서 양질의 교육까지 받게 되면 중국 노동인구의 양과 질은 예상하기 힘들 정도로 성장하게 된다. 매년 일꾼들이 한 개 국가만큼 탄생한다. 2017년 전반기에만 이미 1천만 명의 신생아가 태어났으니 2017년 2천만 명 넘는 신생아를 기록할 가능성이 크다. 게다가 두 자녀 정책을 위한 세금, 주택, 고용 부문의 새로운 출산 우대책도 정부 차원에서 검토 중이며 심지어 두 자녀 정책이라는 완화된 산아제한 정책 그 자체를 폐지할 것이라는 말도 돌고 있다. 여유 있는 가정에서 세 자녀, 네 자녀 등 다자녀를 낳게 되면 지금 중국의 고령화 때문에 중국 경제가 경착륙한다느니 일본처럼 된다느니 하는 말은 헛소리가 될 것이다. 중국의 잠재력이 산아제한정책이라는 박스 안에 갇혀있었다는 사실, 중국은 이처럼 단순한 정책폐지 하나로 고령화문제를 넘을 수 있다는 것을 모르는 사람들 말이다.

03 | 트럼프의 보호무역?
내수시장으로도 충분해!

미국의 공세....Made in USA 에 대한 애국심

트럼프 미국 대통령의 모토는 'Make America Great Again'이다. 다른
말로 America First 주의라고 할 수 있다. 자국의 이익이 가장 우선시되
는 것으로 경제 관념상 보호무역주의로 회귀할 것이란 점을 미리 알 수
있었다. 최근 우리나라도 미국의 보호무역주의 회귀로 인해 여러 군데 두
들겨 맞고 있다. 가장 대표적인 게 삼성과 LG의 세탁기에 대한 세이프가

드 발동이다. 미 국제무역위원회가 17년 10월 5일 미국 세탁기 생산업체 월풀의 청원을 심사하여 미국 세탁기 산업이 한국 전자업체에 의해 많은 피해를 입었다고 만장일치로 판정하였다. 결국 삼성과 LG는 관세폭탄과 수입량 제한이라는 장벽을 만나게 생겼다. 1조 2천억에 달하는 매출규모가 타격받는다. 이것 말고도 태양전지, 철강, 플라스틱에 대한 각종 규제가 쏟아지는 것은 물론 최근엔 한·미 FTA를 아예 재개정하라고 지시하였다. 하지만 다행인 것은 미국 사람들은 한국제품을 많이 사용하지 않고 주로 중국과 일본의 생산품을 구매한다는 것이다. 저렴한 일상용품은 중국산을, 자동차와 전자제품은 일본산을 많이 사용한다. 그래서 우리의 대미 무역의존도는 높지 않다. 중국에 대한 무역의존도에 비하면 말이다.

문제는 트럼프의 이런 보호무역주의가 중국을 겨냥하고 있다는 점이다. 미국 무역적자의 절반이 중국과의 무역에서 발생하니 가장 큰 타겟이 될 수밖에 없다. 중국은 다방면에서 미국에게 두들겨 맞고 있다. 북핵에 대한 미적지근한 태도로 인해 비난과 제재를 동시에 받는 중국이지만 북핵과는 별도로 순수히 경제적 측면에서 각종 규제를 받고

미국 vs 중국 경제전쟁 (출처:Wordpress.com)

있다. 중국 기업의 헐리우드 투자 규제, 중국 철강업계에 덤핑판정, 중국 정부에 대한 환율조작국 지명, 무역법 301조 발동을 통한 지적재산권 공격 등 갈수록 강도를 더해간다. 중국에게는 큰 타격이 될 수 있다. 중국의 수출구조에 있어 대미의존도가 70%를 넘기 때문이다. 지금까지는 말이다.

세계 최대 중산층 보유국, 중국!
내수시장으로도 충분하다.

우리나라는 성장 초기 신발, 가발, 운동화 등 저가품 위주로 수출을 하면서 돈을 벌었다. 그러다가 중공업 분야를 의도적으로 육성하였고 이후 IT 산업이 뒤를 이었으며 현재는 제조업과 서비스업이 다소 균형을 이루어가는 과정에 있다. 세계 12위의 경제대국으로 발돋움한 게 얼마 되지 않는다. 불과 5천만 명 인구로 말이다. 중국도 최근까지는 비슷한 모습을 보였었다. 저가품과 모조품 위주의 수출품들이 증거였다. 그러나 우리나라와 비교할 수는 없다. 성장속도나 규모에 있어서 도저히 비교대상이 아니기 때문이다.

이미 중국의 대미 수출의존도는 낮아지고 있으며 저가품 공장은 동남아와 인도로 넘겨준 지 오래다. 제조업, 가공무역 위주의 산업에서 이제는 소비재와 서비스 산업 중심으로 경제구조가 변화하고 있다. 게다가 수출 대상도 사실 전 세계로 확장되고 있다. 미국 의존도는 낮아지고 중앙아시아, 동남아시아, 아프리카, 중남미, 유럽까지 수출구조가 다양해졌다. 기존의 제조업 또한 저가에서 고급품으로 변화하고 있다. 스마트폰 중에서 화웨이가 삼성과 애플과 겨룬다는 것을 불과 몇 년 전만해도 상상할 수 있었을까? 중국산 트럭과 승용차가 매력있어 보이는 게 더 이상 이상한 일이 아니다. 게다가 미래의 먹거리인 4차 산업에 있어서도 사실상 선두를 달리고 있고 투자를 확대하면서 격차를 벌리고 있다. 중국의 수출 산업구조 자체가 변화하고 있는 것이다. 미국에 의존하지 않아도 먹고 살 것이다. 그러나 더 중요한 사실이 있다. 바로 중국 자체 내수시장의 급격한 확대이다.

베이징, 상하이, 선전과 같은 부유한 연안도시들의 노동자들은 과거와 비교할 수 없을 만큼 높아진 임금을 받고 있다. 상하이만 해도 10년 만에 3배의 임금상승이 있었다. 이렇게 수입이 많아진 중국인들은 중산층으로 부유층으로 변화하고 내수시장을 계속 키워주고 있다. 5천만 달러 이상 슈퍼리치의 증가속도는 중국을 따라잡을 국가가 없고, 이미 중산층의 규모는 2015년에 미국의 9천만 명을 훌쩍 넘어서 1억 명 이상이 되었다. 미국 보스턴 컨설팅회사는 2020년 중국 소비규모가 7천조 원이 될 것이며 이는 영국, 독일 및 프랑스를 합한 것보다 클 것이라고 전망하였다. 지난 20년간 미국 중산층의 소득은 5% 미만 증가하였지만 중국은 70% 이상 성장하였고 이 격차는 점점 벌어질 것이다. 이미 중국내에서 고가의 SUV, 차 음료, 비타민워터, 건강보조식품, 고급 TV, 와인, 해외여행이 일상화되었다. 이들 각각의 시장 규모가 몇 십 조에서 몇 백 조원의 규모로 성장하였다. 중국 중산층의 파워를 단적으로 보여주는 예일 뿐이다. 게다가 이 수 억 명에 달해가는 중국 중산층도 미국인들처럼 애국심으로 뭉쳐있기에 중국산 제품을 우선 사용한다. 전 세계 중산층 6.5억 명 중에서 1억 명 넘게 차지하고 있는 중국. 중국은 이미 수출보다 내수시장의 확보를 우선시하고 있다. 내수에서 실험하고 성공하여 자본을 이루고 해외로 나가고 있다. 든든한 내수 덕에 창업기업들은 하루에만 수 천 개씩 탄생하고 있다.

이미 글로벌기업들도 중국을 경유지가 아닌 종착역으로 생각하면서 중국의 중산층을 타겟으로 마케팅을 하고 있다. 가처분소득이 적어지는 미국 중산층, 무역장벽을 쌓기만 하는 미국의 보호무역을 피해 중국으로 달려가고 있다. 중국의 대미의존도는 추락중이다.

미국을 넘어선 중국 중산층.....글로벌 기업들을 흔든다.

한국의 중산층들은 위기감을 갖고 있다. 언제 잘릴지 모르는 직장생활, 은퇴 후 남은 20년~30년이 넘는 기간에 대한 두려움, 금리인상으로 인한 하우스푸어 전락, 날로 치솟는 자녀양육비 등 전반적인 경제여건이 하락하고 있다. 결국 양육에 대한 부담으로 출산율은 최저수준이고 부족한 생활비는 맞벌이로 충당하고 있다. 새로 중산층에 들어서야 할 젊은이들은 아예 직장이 없어 수년간 취업준비생으로 남으면서 오로지 공무원의 길을 바라본다. 잃어버린 20년을 겪은 일본이 모습을 지금의 한국에서 보게 될 줄은 몰랐다. 중산층이 엷어지는 한국과 달리 중국은 어떤 모습일까? 한마디로 중국의 중산층이 이제 시작이다. 대한민국이 마이카시대라는 용어를 사용하며 중산층이 성장하던 80~90년대의 모습이 지금 중국에서 나타나고 있다. 자산규모로 5만에서 50만 달러 이상을 지닌 중산층이 14억 중의 1억 명을 넘어선 것이다. 중산층이 40%(5억~6억 명) 되는 것이 어려울까? 대한민국 중산층이 70%다. 중국 중산층이 곧 40%인 5억 명을 달성하는 것이 상상하기 어려운 일이 아니다. 이미 1억 명은 달성했다. 무서운 점은 미국의 중산층 규모인 9천만 명을 넘어섰다는 것이다. 10%도 안 되는 중산층의 규모만으로 중국 내수시장은 이미 세계 최고 수준이라는 점이다.

이들 중산층은 더 이상 저가의 제품만 선호하던 과거의 중국인이 아니다. 품질과 브랜드를 꼼꼼히 따지는 어려운 소비자가 되었다. 최근 가성비만 추구하던 샤오미의 몰락이 단적인 예다. 화웨이, 오포, 비보에도 순식간에 밀려 5위 수준의 스마트폰 생산업체로 떨어졌다. 중국 중산층이 고급 분유를 선호하면서 아예 분유를 1인당 2통으로 제한해야 할 정도로 소비량이 막대하다. 그들이 피자 맛을 알게 되자 전 세계의 치즈 값이 일제히 올라버렸다. 해외여행이 폭발하면서 중국 관광객을 끌어들이지 못하면 항공, 관광, 숙박업계는 경쟁에서 밀려나고 망할 지경이다. 전 세계의 면세점들을 싹쓸이하고 들리는 것은 중국어다. 부유층이 늘어나고 여성들의 수입이 늘면서 여성들의 구매력도 늘어나며 신세대들도 여기에 가담한다. 애플도 삼성도 현대도 중국 중산층을 잡지 못하면 세계 시장에서 도태된다.

이미 막강한 중국 중산층은 앞으로 얼마나 성장할 것인가? 어떤 소비형태를 보일 것인가? 현재 중국 GDP 성장에 대한 내수시장의 기여도는 60% 이상이다. 중산층이 이제 시작인데 말이다. 중국이 연 6%의 성장을 한다면 매년 GDP가 7백조 원 규모로 커지고 2년마다 대한민국 이상의 경제 규모를 추가로 갖게 된다. 2년마다 대한민국 하나씩 생겨나는 셈이다. 여기에 중산층이 2억, 3억으로 증가할 것은 당연한 일이다. 제조업에 이어 서비스업과 IT를 비롯한 기술 분야 업종에서도 고소득자가 줄줄이 생겨나고 있고 지금 이 시간에도 창업 성공의 열풍이 그치질 않는다. 특히 가장 중요한 점은 소득이 늘어나고 규모가 커지는 중국 중산층이 과거 한국처럼 외제를 무조건 선호하지 않는다는 점이다. 전 세계 어디를 가더라도 그들은 똘똘 뭉쳐 차이나타운을 만들고 자신들의 영역을 구축한다. 한국인과는 상당히 다른 특성이다. 이런 민족주의가 소비형태에서도 보이고 있으며 중국 정부도 이를 유도한다. 중국 기업들의 품질도 급속하게 개선되어 이런 경제민족주의에 부응한다. 누가 중국의 스마트폰을 두려워했고 중국산 자동차가 현대기아의 한국으로 수입될 것이라고 생각이나 했었는가? 이미 세계 최대의 중국 중산층이 늘어나는 수입을 가지고 중국제품을 사고 있다. 중국에서 성공하지 못하면 세계에서 실패한다. 과거 미국에서 성공해야 세계에서 성공했듯이 말이다. 5억 명의 중산층을 가진다면 세계 시장이 필요가 없을 수도 있다. 그 자체가 하나의 세계일 테니까 말이다.

04 | 최고의 두뇌와 열정으로 무장한 인재들

전 세계의 지식을 흡수하고 돌아오는
방대한 규모의 중국 유학생들

한국이 고속성장을 하게 된 배경에는 성실하게 일 해온 국민들과 중동에서 독일에서 땀흘려가며 외화를 벌어온 분들이 있다. 하지만 더 중요한 것은 선진국에서 유학하며 고급지식을 한국으로 가져온 유학생 출신들도 있다는 것이다. 그들은 최신의 경영기법, 국제회계기준, 국제결제시스템,

제약기술, 의학기술 등 온갖 지식으로 무장하여 한국에 새로운 활력을 불어넣었다. 중국도 원리는 비슷하지만 그 규모가 엄청나다는 것이다. 게다가 유학생들의 수준도 규모만 큰 것이 아니라는 점이다. 또한 한국의 미국 유학생은 감소추세지만 중국의 미국 유학생은 증가추세다.

현재 미국 내 유학생 중 75%가 중국, 인도, 한국, 일본 등 아시아인인데 당연히 1위는 중국인으로 27만 명. 한국은 7만 명으로 3위다. 이들은 미국 내 최고 명문인 아이비리그 대학에서도 상위권의 성적을 받으며 유학 중이다. 게다가 이 규모는 점점 늘어날 것이다. 예일대를 비롯한 아이비리그 대학들은 전 세계의 엘리트들로 이루어진 캠퍼스를 만들고자 유학생의 비중을 늘리고 있다. 미국 본토 학생들의 입학기회는 줄어들지만 결과적으로 미국 대학들의 경쟁력은 강화되는 것이다. 하버드대학 구내와 스퀘어 주변에는 외모에 신경쓰지 않는 중국 유학생을 여기저기 찾아볼 수 있다. 요즘은 석사, 박사의 비중뿐만 아니라 학부생도 급증하고 있으며 마치 우리나라의 조기유학 열풍처럼 중국의 초등학생까지 미국으로 건너가고 있다. 이들 대학생들은 이공계 위주의 지식으로 무장하고 중국으로 돌아가 중국 정부와 기업을 위해 일하게 된다. 하지만 유학파들이 졸업 직후 당장 중국내에서 일자리를 찾을 수는 있지만 임금이 너무 낮다. 결국 유학파들은 다수가 미국 내에 학계와 산업계에서 일자리를 찾고 경력을 쌓게 된다.

중국은 이렇게 지식과 경험을 지닌 유학파 출신들을 극진한 대접으로 모시고 있다. 2008년부터 시작된 천인계획이 바로 중국의 전략적 인재활용 방안이다. 이 계획은 해외로부터 과학과 창업을 위한 인재를 중국으로 모셔오는 것이고 현재까지 6천명 가까이 불러왔다. 프린스턴대학, 스탠포드대학, 노스웨스턴대학, 펜실베니아대학 등 교수를 포함하여 프랑스와 같은 유럽의 중국 인재들도 억대의 연봉과 수십억의 연구활동비로 유혹하며 불러들였다. 이런 전 세계의 인재들이 속속 중국으로 귀국하면서 생명공학, 컴퓨터공학, 나노기술, 제약기술, 바이오공학을 이끌면서 지금의 중국을 발전시키고 있다. 인구 대국의 나라는 인재도 많은 게 당연하다.

21세기를 이끌 중국 과학기술 인재들

한 국가의 국력이 근원이 무엇인가에 대한 판단은 사람마다 다르다. 어떤 이는 경제력이라 하고 어떤 이는 군사력이라 한다. 과학기술이라하는 사람도 있고 문화라 하는 사람도 종종 있다. 그러나 이들 전체의 근원은 결국 사람이다. 그리고 그 사람들의 지식이 결합하여 기술을 개발시키고 이것이 돈을 벌어다주면 군대를 강력하게 키운다. 즉 사람이 있고나서 돈이 있고 군사력이 생기는 것이다. 중국은 인재강국이다. 이제까지는 저가 노동으로 돈을 벌어왔지만 방대한 과학인재들이 전 분야에서 중국의 차

세대 산업을 이끌고 있다. 예를 들어 이세돌을 이긴 알파고처럼 지금 전 세계는 인공지능 열풍이다. 인공지능 산업의 인재가 미국이 선두라고 다들 생각하겠지만 천만의 말씀이다. 바로 중국이 선두다. 인공지능 분야 20~30대의 기술 종사자가 중국이 훨씬 많다. 이들을 활용하는 바이두의 경우 인공지능 대표기술인 딥러닝과 빅데이터에 집중하고 있다. 2017년 바이두의 인공지능 로봇 샤오두가 방청객 1명의 과거사진만 가지고서 현재의 방청객을 찾아내거나 쌍둥이를 찾아내는 등 미국 구글의 인공지능을 넘어서는 수준을 보여주었다. 세계에서 가장 빠른 슈퍼컴퓨터도 중국산이다. 미국은 우주개발 예산 부족으로 인해 우주정거장이 폐쇄 직전인데 중국은 자체 우주정거장 2호를 실험중이다. GDP의 2%인 250조원을 연구개발에 투자중이며 2014년 세계 특허의 34%가 중국인의 것이었다.

상상하기 어려운 속도의 과학기술 성장의 배경은 당연히 방대한 과학인재다. 2016년 중국의 R&D 인력만 400만 명이다. 유학중인 인력만 27만이 넘는다. 글로벌 기업에서 일하고 있는 인재는 화교까지 더하면 증가한다. 이 인재들이 쏟아내는 과학논문도 어마어마하다. 2000년 전까지는 중국 논문 인용률이 세계 19위에 불과했다. 지금은 4위에 올라섰다. 전 세계의 과학기술 연구자들이 중국인들의 논문을 한국인의 논문보다 4배 많이 활용하고 있다. 논문의 양에 있어서는 세계 최고 수준이다. 2015년에 이미 29만 건의 과학논문을 펴내면서 양적으로 세계 2위로 올라섰다.

전 분야를 제압하고 있는 중국 인재들

국력이 상승하고 경제가 살아나면 삶의 여유가 생긴다. 중산층 이상의 수입이 생긴 이들은 야구경기장도 찾아가고 음악회와 미술관도 방문한다. 콘서트에 돈도 사용하고 앨범도 산다. 이런 데서 나오는 자본금을 가지고 음악, 미술, 스포츠, 영화 등 각 분야에서 유명인들이 서서히 나온다. 우리 한국도 2000년대 들어서면서 유명 골프선수, 프리미어리그 축구선수, 성악인, 지휘자, 피아니스트, 영화배우, K-POP 가수들을 비롯해 전 분야에서 세계적인 유명인들이 배출되었다. 훨씬 부유해지고 문화적 배경이 탄탄하며 한국보다 인구가 30배 가까이 많은 중국도 이런 현상이 나타날까?

세계적으로 유명한 피아니스트 중의 한 명에 랑랑이라는 남성이 있다. 1982년생이며 1995년에 이미 차이코프스키 국제 영재 콩쿠르에 우승한 바 있다. 가난했던 어린 시절을 극복하고 오바마 대통령과 후진타오 주석

앞에서 공연도 하고 베이징 올림픽 개막식에서도 연주한 바 있다. 2015년 한국인 피아니스트 중에서 최초로 쇼팽 콩쿠르 우승을 차지

랑랑과 필하모닉 오케스트라 (출처:KBS)

한 조성진조차 최근 베를린 필하모닉에서 랑랑의 대타로 나가게 된 것을 기뻐할 정도로 랑랑의 입지는 국제적이다.

클래식보다 더 대중적인 것은 영화일 것이다. 특히 중국 영화시장의 규모는 이미 세계 2위로 올라섰고 티켓 판매액만 6조 원에 달한다. 곧 미국 영화시장을 넘겠지만, 지금도 이 시장을 놓치면 그 영화사는 문 닫는다. 중국 시장을 잡는 방법은 무엇일까? 헐리우드적 요소로 가득한 블록버스터를 상영하면 될까? 그보다는 중국인들의 애국심과 자부심에 호소하면서 중국 특색이 들어가면 성공한다. 한국에서 성공하려는 영화제작가가 서울 도심에서 촬영하듯 말이다. 얼마 전까지만 해도 안젤라 베이비라는 중국 여배우는 인디펜던스데이에 단역으로 출연하였고, 또 다른 중국 유명 여배우인 판빙빙은 엑스맨에서 한 마디의 대사만 하였다. 그러나 최근 캡틴 아메리카와 어벤져스의 감독인 루소 형제가 제작할 중국판 캡틴 차이나인 히어로스 어웨이크닝이 대표적이다. 이 영화는 아예 모두 중국인이 나올 예정이다. 워너브라더스와 드림웍스도 중국을 잡기위해 혈안이다. 헐리웃 스타를 넘는 중국 영화배우들이 곧 속출할 것이다.

가장 두드러진 분야는 경제 분야다. 이미 한국에서도 애플의 스티브 잡스를 알 듯 샤오미의 레이쥔 회장 이름을 익숙하게 알고 있다. 알리바바의 마윈 회장도 이미 세계적 유명인사가 되었다. 텐센트의 마화텅 회장도 바이두의 리옌훙 회장도 유명하다. 젊은이 넷 중 하나의 간절한 꿈이 공무원으로 취직하는 것인 한국의 상황과는 달리 중국에서는 이제 창업의 열풍이 질주하고 있다. 젊은이 위주로 말이다. 특히 베이징을 중심으로 전역에서 각종 창업회사가 속출하고 있으니 경제 분야 유명인사는 더 등장할 것이다.

Chapter

IV

넘쳐나는 돈 돈 돈

01 | 묻지도 강요도
하지 않는다

아프리카여, 돈 줄 테니 자원다오

2000년대 초반까지 중국은 2차 산업에 집중적으로 전념했었다. 마치 우리나라가 70년대부터 지금도 제조업 중심의 경제에 몰두하고 있는 것처럼 말이다. 그런데 크게 다른 점이 있다. 한정된 자원으로 인해 각 국가는 희토류를 비롯한 자원을 위해 분쟁은 물론 잠재적인 전쟁의 위험까지 안고 살아가고 있다. 게다가 북한이라는 실패국가에도 광물자원이 넘쳐나기에 북한 자원도 마다않고 채굴권을 사들여 확보해왔다. 중국 자체로도 광물자원 대국이지만 비용 대 효율성 면에서 더 좋은 국가들이 넘쳐나는데 굳이 자국의 광물을 미리 소모할 필요는 없다. 깊이 파고들어가지 않더라도 땅을 긁어내면 필요한 자원이 있는 곳으로 가는 것이 효율적인 것이다. 두 번째로 다른 점은 중국의 경제규모 자체가 너무 방대하다보니 그 필요한 양도 굉장하다는 것이다. 여기에는 물론 생산의 효율성이 떨어진다는 면도 있었다. 선진국이 100을 투입해서 100을 만들면 중국은 4~50을 만들어내기에 자원소모가 빨랐다는 것이다. 이렇게 자원은 희귀해지고 수요량은 많아지니 제일 좋은 것은 해외진출이다. 그 주요대상이 아프리카다.

그런데 여기서 주목할 사실들이 몇 가지가 있다. 서구가 과거에 사용한 방식은 아프리카 국가를 점령하고 노예로 삼고 자원을 약탈하는 것이었다. 이와 같은 방식으로 막대한 자원과 인력과 자금을 뽑아내

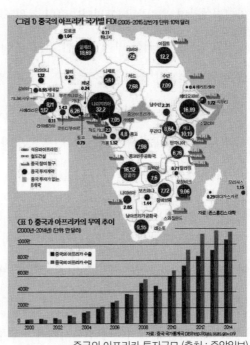

중국의 아프리카 투자규모 (출처 : 중앙일보)

어 자신들의 경제기반으로 삼아 지금까지 선진국으로 버텨오고 있다. 그리고 제국주의 팽창시대가 종료하자 아프리카 부족의 삶과 영역은 무시하고 획일적인 경계선을 그어버린 뒤 각각의 국가로 방치시켰다. 그 결과 서로 다른 부족들이 한 영토 내에 있고 같은 부족민들은 다른 국가로 편입되어 결국 민족분쟁이 아직도 끊이지 않고 있다. 이후로도 아프리카의 가난한 국가들은 제대로 된 경제기반을 조성할 기회조차 없었고, 간간히 이어지는 기부로 연명한다. 게다가 정부가 돈이 필요할 때 서구의 기금을 통한 자본영입은 온갖 조건을 달고 이거해라 저거해라 하면서 약간의 자본만 제공해주었다. 그 결과가 최근까지의 아프리카였다. 우리나라와의 차이점이라면 우리는 아프리카만큼의 자원조차 없는 국가였지만 오로지 국민의 힘으로 이러한 벽을 돌파한 것이다. 이런 아프리카에 새로운 세기와 함께 새로운 구세주가 등장한다. 이것이 중국이다. 위에 언급한 자원수요로 인해 중국은 아프리카로 적극 진출하는데 여기에는 서구와 완전히 다른 자본 제공방식이 작용한다. 필요한 자원을 가진 국가가 쿠데타로 일어섰건 독재를 하건 민주주의를 하건 공산주의를 하건 상관없이 오로지 자본과 자원의 교환방식을 사용한 것이다. 이런 방식에 서구의 비판이 있기는 하다. 그런 불량국가들에게 자본을 제공하고 자원만 빼가는 것은 파렴치한 짓이라고 말이다. 그러나 다시 한 번 생각해보자. 어느 허약한 나라가 있는데 그 나라가 독재국가이고 공산국가이고 불량국가로 판단되니 그 지도자를 암살하거나 전복시키거나 민주화 또는 인권의 이유로 경제자금지원에 상당한 제한을 둔다는 것은 옳은 것일까? 다른 국가의 주권을 내가 강력하고 돈이 있다고 해서 좌지우지해도 되는 것일까? 그 국민의 문제는 스스로 해결해야 하는 것이지 나의 사상을 자본과 연결시켜 바꾸려는 것이 옳은 것일까? 다름을 인정해야 한다. 무조건 나의 정치제도와 삶의 방식이 맞다는 생각을 하고 이를 주입하려는 자본제공은 다시 한 번 더 생각해봐야 한다. 중국은 이러한 방식을 버리고 오로지 자원과 자본만 교환한 것이다.

그러나 그 차이점은 여기서 그치지 않는다. 중국은 자신들이 투자한 아프리카 국가들의 발전을 위해 기반을 조성하려는 상당한 노력을 했다는 사실이다. 그들이 필요한 막대한 자금과 자원을 교환함은 물론 인프라 구축에 필요한 인력과 기술을 함께 제공하고 있다. 게다가 그들만의 방송체계가 없기에 방송국을 설립하여 아프리카인들의 소소한 일상까지 방송해주고 있다. 제일 중요한 점은 교육이다. 어떤 국가이건 똑똑한 국민이 많아질수록 경제도 성장하는데 아프리카는 그 점이 부족하였다. 중국은 아프리카 유학생이 가장 많은 나라다. 아프리카 유학생이 가장 선호하는 국가다. 어떤 나라는 아예 비자발급조차 어려운 데, 중국은 이들을 자국에서 교육하여 귀국시킨다. 이들이 돌아가서 친중화 됨은 물론 기술, 경영, 시장분석, 언어, 과학을 익히고 모국을 일으킨다. 어떤 방식이 제일 좋은 가는 가까운 미래가 답을 알려줄 것이다.

동남아시아여, 돈 줄 테니 시장다오

요즘 세계경제에서 가장 핫한 곳이 바로 동남아시아다. 대다수의 한국인들에게 동남아시아는 저렴한 노동력과 낙후된 산업환경 또는 아름다운 자연을 떠올린다. 그러나 최근 동남아시아를 다녀온 지인들의 반응은 남다르다. 쿠알라룸푸르가 예전같지 않다거나 베트남에 지금이라도 투자해야 한다는 등 그들의 경제발전을 일반인들도 체감할 정도다. 60년대까지만 해도 필리핀이 한국보다 경제사정이 훨씬 좋았고, 장충체육관을 지어 줄 정도였으나 이후 한국의 비약적인 성장이 그 순위를 상당히 뒤집었다. 그러나 지금 한국, 중국, 일본이 고령화, 고임금, 정체되는 성장세에 허덕

쿤밍~아세안 철도건설(출처 : 조선일보)

이는 사이 20~30대의 젊은 세대가 주류인 동남아시아는 2000년대 이후 고속성장세를 유지하고 있다. 대표적으로 베트남의 경우 인구만 1억 명에 달하고 임금도 저렴한데다 정부 주도로 친기업화 정책을 이어가고 있어 포스

트 차이나로 여겨진다.
호찌민과 하노이는 건
설붐이 한창이고 한국
기업들의 투자도 급속
도로 확대중이다. 태국
의 경우 2016년 1인당

중국–아세안 정상회의 (출처 : 中 CCTV)

GDP가 6,000달러에 근접할 정도로 상승하였고 저렴한 임대료, 낮은 법
인세와 공공요금, 아세안 2위 경제규모, 확장된 도로와 공항을 이점으로
발전중이다. 아세안의 중심국가인 인도네시아는 2억 5천만 인구를 배경
으로 디지털경제구조로 전환중이다.

급성장중인 동남아시아에 가장 선도적으로 접근하는 국가가 중국이다.
인프라가 절대적으로 취약한 라오스에 중국의 강점 중의 하나인 고속철
도를 연결하여 동남아시아를 안방으로 만드는 중이다. 그러나 이것은 큰
그림의 하나일 뿐, 사실 중국 윈난성으로부터 라오스, 태국, 말레이시아,
싱가포르까지 총 3,000km 길이의 철도망을 건설하여 중국의 일대일로
전략과 연계시키면서 자국의 경제영토에 완전히 편입시키고자 한다. 이
철도를 통해 동남아시아의 생산품과 자원들이 중국으로 밀려오고 중국의
관광객이 동남아로 직행하며 동남아시아의 낙후지역들은 앞으로 중국이
주는 열매를 먹을 준비를 하고 있다. 말레이시아에 대한 투자규모도 상
당하여 씨티은행은 중국이 이미 100조원 이상의 직접투자를 하고 있다고

추정하고 있고, 태국과 인도네시아에는 자동차공장을, 말레이시아에는 전기차공장을 건설중이다.

이렇게 인프라와 자본투자를 하는 것은 유일하게 급성장중인 동남아시아 시장을 안방으로 만들고 여기에 중국의 해외시장 확대로 가는 거점화하는 것이다. 지금은 한류열풍과 우수한 기술력에 힘입어 한국 브랜드 이미지가 높지만 중국은 국가전략과 가성비 그리고 향상되는 기술력을 바탕으로 동남아시아를 조금씩 가져가고 있다.

중앙아시아여, 돈 줄 테니 길을 다오

세계에서 아프리카만큼이나 낙후되었지만 아프리카보다 주목을 받지 못하는 곳이 어디일까? 바로 중앙아시아다. 접하는 바다도 없고 상업을 하려면 온갖 험악한 산을 오르고 사막을 가로지르고 협곡을 통과해야하는 말 그대로 황무지 가득한 땅, 중앙아시아. 이들에게는 아직도 2차 산업혁명의 물결이 도착하지 못하고 수천 년 전과 동일한 삶을 사는 곳이 수두룩하다. 인터넷, 스마트폰, 위성방송은 물론 AI, 전기차, 고속철, 드론과 같은 새로운 산업혁명은 본 적도 들어본 일도 없다. 그런 중앙아시아 국가들에게 희소식 정도가 아닌 새로운 세상이 열리고 있다. 그 세상을 열

중국 新실크로드 일대일로 (출처 : 연합뉴스)

어주고 있는 것이 중국이다. 너무 과장되게 말하고 있는 것일까? 이 또한 가까운 미래가 알려줄 것이다. 한 가지 분명한 것은 중국의 일대일로 정책이 확실하게 진행되고 있다는 점이다. 미국은 PIVOT TO ASIA 정책을 통해 아시아 중심의 정책을 펴면서 중국을 견제하고 있지만 사실 아시아뿐만 아니라 전 세계의 국가는 중국의 자본과 관광객과 상품을 절실히 원하고 있다. 그런 중국은 아메리카와 대서양 중심의 경제중심축을 무너뜨리고 수천 년 전의 실크로드를 부활시켜 중국, 중앙아시아, 동남아시아, 유럽까지 엄청난 도로, 철도, 교량, 터널, 통신망, 물류센터, 발전소 등 인프라를 구축하고 있다. 일대일로가 완성단계에 들어서면 이미 세계의 중심축은 다시 유라시아다. 이 경제권이 지나가는 경로가 바로 중앙아시아다. 예를 들어, 우리나라 어느 지방에 도로가 하나 들어선다고 발표가 났다. 고속도로 말이다. 그 일대는 일단 지가부터 급격히 상승하고 물류센터, 아파트단지, 상가, 시장 등 인구가 몰리고 규모가 확대된다. 그런데 이 정책은 단순한 고속도로 수준이 아니다. 중국은 물론 한국과 일본의 연결통로가 되고 유럽에서 다시 아시아로 통하는 새로운 길이 생기는 것이다. 이 정책은 예산없이 계획만 발표된 도시개발계획이 아니다. 이미 우리나라를 포함해서 유럽 선진국들까지 AIIB(Asian Infrastructure Investment Bank, 아시아인프라투자은행)에 상당한 지분을 차지할 정도로 투자금을 늘리고 있다. 경제패권의 전환이 두려운 미국과 일본은 눈치만 보며 투자하지 않고 있지만, 일본은 언제나 그래왔던 것처럼 기웃기웃 투자할 기회를 노리고 있다. 누군들 초대형 프로젝트에 가담할 기회를 놓치고 싶을까? 이 글로벌 프로젝트의 중심에 중앙아시아가 있고, 밤낮으로 포크레인과 불도저가 새로운 길을 만들 것이다. 전 세계의 자본과 중국의 기술과 주도 아래 말이다.

전 세계여, 돈 줄 테니 여기 모여라

부동산을 투자하다보면 적용되는 원칙이 있다. 유동인구가 많은 곳에 투자하라는 것이다. 특히 상가의 경우가 가장 좋은 사례이다. 여기엔 두 가지를 볼 수 있다. 지나는 사람이 많아지니 상가가 발달하거나 황량한 곳에 대규모 자본을 투자해서 사람이 오게끔 만드는 것이다. 후자의 사례가 수도권에 형성되고 있는 신도시들이다. 별내신도시, 위례신도시 등 과거 논밭을 대규모 주거공간과 상업지구로 개발하니 유동인구가 급격히 증가한다. 즉, 오랜 기간 황량하게 버려진 곳도 대규모 자본이 투자되어 인프라가 갖춰지고 교통이 개선되면 발전되는 것은 순식간이다. 그 규모가 클수록 주변의 상권은 쇠퇴하기 마련이다. 상권은 늘 이동하기 때문이다. 홍대, 신촌, 종로, 광화문, 강남, 분당, 일산 등 한때 잘 나가다가 어느 순간 상권이 쇠락하기도 한다. 국가들 사이에서도 부동산처럼 흥망성쇠가 있을까? 당연하다. 재미있는 점은 여지껏 세계를 주무르던 강대국 중에서 중국을 제외하고는 100년 이상의 전성기를 보낸 국가가 없다는 점이다. 2000년대 초 중국 CCTV에서 제작한 대국굴기에 나오듯 영국, 네덜란드, 스페인, 프랑스, 구소련, 일본과 같은 나라들은 그 전성기가 100년 남짓이다. 그러나 중국은 다르다. 수천 년간 세계 제일의 인구를 가진 도시를 지니고 있었고 중요한 발명품이 나왔으며 오랜 과거부터 세계와 무역을 해왔다. 너무 오랫동안 초강대국의 국력을 지니다보니 오만에 빠져 한 때 뒤쳐졌지만, 이제 거의 회복중이다. 여기에 국가 간의 흥망성쇠를 볼 수 있다.

서울 주변에 신도시를 건설하여 상권이 급작스럽게 발달하는 것처럼, 중국은 주변 국가들에 새로운 길을 열어주고 있다. 그리고 이 길이 개통하지도 않았는데 이미 수많은 국가가 이 개발계획에 동참하고 있다. 상권이 이동하고 있다. 중국이 진행하는 이 계획은 분명히 돈이 되고, 새로운 일자리를 만들어 낼 거라고 판단하는 것이다. 이 계획이 앞에서도 조금씩 언급했던 일대일로이다. 일대일로는 지금 전 세계적 관심사이다. 2013년 시진핑 중국 주석이 제기한 이후 신속하게 추진되고 있고 2049년 이전에 완성을 목표로 하고 있는데 여기서 부활시킬 육상 실크로드와 해상 실크로드가 완성되면 최소 60여 개 이상의 국가가 혜택을 볼 것이다. 상권치고는 꽤 거대한 상권이고, 놓치기 아쉬운 기회다. 수혜국가들은 자신들이 지닌 가스 · 석유 · 철광석 등 자원을 철도와 선박으로 대량수송하게 되고 수송로가 지나는 곳들은 낙후지역에서 신도시로 발전한다. 새로운 연계도시와 항만도시가 발전하고 곳곳에 주거시설과 상업시설이 들어서며 유라시아 대륙 곳곳에 새 공항들이 건설되어 세계의 관심을 받게 될 것이다. 막대한 양의 거래자본이 오갈 것이며 이 거래는 위안화로 결제되어 위안화는 최소한 국지적인 기축통화역할을 하게 된다. 유라시아는 중국 중심의 경제권으로 점점 빨려 들어갈 것이다. 이 거대한 계획에 필요한 자본은 AIIB에서 마련할 것이며 자본을 지닌 일본이나 한국같은 나라는 AIIB에 지분을 가지고 투자하고 향후 이익을 취하며 투자받는 나라들은 하루 5달러 벌기 힘든 지역에서 신도시가 생겨나는 것을 보게 될 것이다. 중국은 이미 판을 깔아놓았고 게임은 벌써 시작되었다. 중국 건설기계업의 예상못한 발전으로 시장퇴출이 될 듯 하던 한국 건설기계들도 다시 중장비수출이 살아나는 것이 바로 초국가적 사업덕분이다. 새로운 흥망성쇠의 흐름이 보일 때 선점하느냐 후발주자가 되느냐 하는 것은 국가의 운명이 달린 일이다. 판단이 느려 후진국이 되버린 국가들이 역사에 얼마나 많은지는 말하지 않아도 알 것이다. 과거 미국의 서부대개발, 유럽 대상의 마셜플랜과도 비교되지 않을 것이다.

02 | 과거와 현재와 미래,
한 바구니에 담다

할아버지는 1차 산업

한때, 한국이 고속성장의 대표적인 모델로 개발도상국들이 배우러 오던 시절이 있었다. 단기간의 성장으로 노년층은 농업을 지속하고 중년층은 산업시설에서 일하며 청년층은 IT와 전자산업 등 3차산업에 종사하고 있다. 4차 산업은 아직 제대로 발붙이지 못한 상태다. 농촌은 이미 인구가 급격히 감소하고 있어 의성, 군위, 합천, 안동과 같은 지역은 인구소멸의 위기를 맞을 정도다. 2차와 3차 산업 위주의 경제구조가 되었다. 중국은 어떤 모습일까? 1차 산업인 농업부터 4차 산업까지 전 분야에서 강점을 살리고 있다. 특히, 농촌인구가 도시로 많이 이동했지만, 지방이 붕괴 위기에 놓인 우리와 달리 중국의 중서부와 동북부는 반대로 더 발전중이다. 2011년을 기점으로 중국 도시인구가 농업인구를 추월하여 약 7억 명 이상의 인구가 도시에 거주중이며 나머지가 농촌에 거주한다. 이 농민들이 매일 150만 톤의 농산물을 소비하는 14억 중국인들의 수요를 맞춰야

한다. 식량안보 차원에서도 전 세계 70억 인구의 20%에 해당하는 14억 인구를 먹여 살릴 농산물을 수입에 의존할 수 없고 중국 공산당의 정통성 차원에서도 농민은 절대적인 지지기반이었기에 한국에서 발생하는 농촌의 황폐화같은 현상을 두고 보지 않는다. 이를 위해 제도적 기

중국 농촌의 과거 (출처 : 중앙일보)

중국 무인트랙터 (출처 : 조선일보)

술적 개선을 진행하고 있는 중이다. 공산당은 매년 농업 발전을 위해 500조 원 이상의 투자를 한다. 그리고 중국의 농지는 모두 국가소유인데 농작권리에 대한 거래가 활발해지면서 농지규모를 서구처럼 대규모화하고 이를 통해 효율성을 극대화하는 중이다. 농민의 이주에 따른 노동력을 보충하기 위해 네비게이션을 바탕으로 하는 무인트랙터가 이미 논과 밭에서 일을 하고 있다. 품종개량도 실시하여 수퍼쌀을 재배중이다. 심지어 종자산업의 발전을 위해 유인우주선 선저우 1호에 종자를 탑재하여 우주에서 육종실험한 뒤 저항성을 갖춘 종자자원을 확보하고 있다. 이쯤에서 새로이 알게 되는 것은 중국 농촌의 모습이 노인이 소를 끌어 밭을 가는 모습이 아닌 첨단 농업을 통해 거대인구의 수요를 충족시켜 식량안보를 지켜내는 모습일 것이다.

아버지는 2 · 3차 산업

어린 시절부터 수업시간이건 뉴스에서건 들어왔던 사실이 있었다. 한국의 대표산업은 반도체, 철강, 조선, 자동차산업이라고 말이다. 이 산업들은 선진국의 대표적인 산업들이다. 미국의 US스틸, BIG 3(포드, GM, 크라이슬러), 인텔 등으로 대표되는 산업이 어느새 일본으로 넘어가더니 20세기 말부터 최근까지 한국이 이 분야에 있어 선두를 달리게 된다. 말 그대로 한국을 먹여 살리는 업종들이었다. 조선업하는 도시는 지나가는 개조차 만원 짜리를 물고 다닌다는 농담이 있을 정도로 활황이었다. 그러나 불과 몇 년 전부터 샌드위치 신세라는 용어가 나돌더니 지금은 중국이 저만치 앞서가고 있다. 2차 산업이건 3차 산업이건 말이다. 반도체도 얼마 남지 않았다. 이들 산업의 기본이 철강이다. 중국은 기존의 바오산강철과 우한강철을 총자산 120조의 바오우강철로 통합시키면서 중복생산을 줄이고 노후설비는 교체하며 대규모 인력조정을 하면서 양과 질에서 앞서 간다. 다른 철강기업들도 합병시키면서 중복생산을 없애가고 있다. 이런 방식으로 대형철강회사를 만들고 철강의 고급화를 이루려한다. 특히 중국 자동차산업의 발전과 함께하고 있다. 자동차강판의 질과 가격 경쟁력으로 인해 현대자동차조차 현대제철 제품을 쓰기 어렵다. 전 세계 철강업체의 시세도 떨어뜨리고 있다. 동남아와 인도시장까지 공략중이다. 반도체 분야는 어떨까? 최근의 뉴스에서도 삼성전자가 인텔을 넘어섰다고 나올 정도니 중국이 이 분야는 아직 멀었을까? 아직 중국 자체의 보급률은 13%를 조금 넘는다. 한해 200조가 넘는 돈을 반도체 수입에 쓰고 있다. 취약해 보인다. 그러나 그 속도는 무시무시하다. 삼성이 한 해 12조 투자 한다고 하면 크게 느껴진다. 중국은 한 개 회사가 30조를 투자하고 있다. 미국 마이크론 테크놀로지, 삼성, 하이닉스의 인재들을 몇 배의 연봉을 주면서 영입하고 있다. 일본 도시바 인수전에 뛰어들었던 것처럼 외국기업을 인수하려하기도 한다. 유학생을 칭하는 '하이구이'들도 속속 귀국해서 합류중이다. 여기에 대만 기업들도 중국에 우호적이다.

자동차는 어디까지 가고 있을까? 일단 자동차시장도 중국이 세계 압도적 1위다. 2009년부터 판매건 생산이건 세계 1위인데 그 수량이 연 3천만대다. 미국보다 1천만대 많고, 한국보다는 15배 많다. 중국이 이런 큰 시장을 그냥 외국에 내줄까? 오히려 가성비를 앞세워 성장 중이다. 얼마 전중국 베이치인샹의 켄보600 SUV가 2천만 원대로 120대가 한국에 등장했는데 완판 되었다. 이제 시작이다. 이미 중국산 자동차는 상하이 · 둥펑 · 베이치인샹 · 지리 · BYD 등 회사들이 45%의 점유율을 가져가고 있고, 2016년에는 76만대를 수출했다. 현대, 벤츠, 볼보 등 기존의 자동차회사 기술들을 흡수했고 디자인도 배웠고 가격은 저렴하니 단시일 내에 시장을 장악해 갈 것이다. 미국과 유럽에 이어 일본이 강세를 보이던 조선산업도 한국의 현대중공업, 대우조선해양, 삼성중공업, 한진중공업, STX조선해양 등이 21세기를 전후해서 일류로 도약했었다. 이 업체들은 컨테이너선 뿐 아니라 LNG선, 쇄빙유조선, 드릴십 등 다양한 선박의 제조에 강점을 지녀왔었다. 이제는 중국 조선업과 한국 업체들이 수주량에 있어 1위를 두고 다투고 있다. 최근 수주량이 줄어들면서 중국 조선업계가 구조조정에 들어갔지만 이 과정이 지나면 중국 조선업이 질적 성장은 눈에 띨 것이다. 2017년 기준으로 한국이 세계 1위를 재탈환했지만, 중요한 것은 600여개의 조선사들이 구조조정이 끝나고 중국 정부의 자금과

내수 지원 및 정치 외교
적 영향력에 이어 가성
비와 기술력을 앞세워
재등장하는 순간 중국
의 싹쓸이가 시작될 수
있다. 이미 세계 최대의
컨테이너선을 한국과의

화웨이 스마트폰(출처:이프스타일)

경쟁에서 승리한 뒤 건조중이고 LNG선박도 삼성중공업을 이기고 수주하
여 건조중이다. 고부가가치 선박들이다. 즉 중국의 조선업은 이미 새로운
영역에 들어선 것이다. 그들과 한국의 기술격차는 3년 미만으로 과거 한
국이 일본의 기술을 넘어서던 시절보다 더 빠르게 다가오고 있다. 스마트
폰도 마찬가지다. 모토로라와 노키아가 이끌던 휴대폰을 이제는 애플과
삼성의 스마트폰이 차지하고 있지만 중국의 성장세는 상당하다. 이미 중
국 스마트폰 제조업체인 화웨이, 샤오미, 오포, 비보 등의 점유율은 중국
뿐만 아니라 개발도상국에서 확대중이고 중국인들이 가장 선호하는 스마
트폰도 화웨이로 선정되었다. 과거처럼 아이폰 신제품을 사려고 길게 늘
어서던 대기행렬을 중국에서는 보기 힘들다. 고급 스마트폰화 전략을 펼
치며 중국인의 애국심에 호소한 화웨이가 속도를 높이고 있다. 이미 전
세계 스마트폰 시장 점유율은 중국산이 34%를 넘어 1위를 달성했다.

아들은 4차 산업

한국의 자영업을 쭉 지켜보면 유행이 정말 빠르다. 노래방, PC방에 온 세대가 몰려가더니 무슨무슨 삼겹살이 유행하다가 비디오방이 온 상가를 뒤덮더니 이제는 어딜 가나 커피숍이 많아 브랜드를 기억하기도 힘들다. 세계 경제에도 유행이 많았다. 세계화로 불리던 글로벌리즘, 무역시장을 확보하려는 FTA, 기업을 업그레이드해보려는 M&A, 신산업으로 주목받던 3D 프린터에 이어 이제 4차 산업혁명이 인기다. 아니, 각 국가들이 사활을 걸고 선도하려는 혁명이다. 최근 4차 산업혁명 열기를 볼 때면 앨빈 토플러가 30년 전에 발표해 주목받던 3차 산업이 벌써 저물어가는 걸 느낀다. 4차 산업이 뭘까? AI, 로봇, 인터넷 등 현실과 가상이 합쳐지고 사물을 지능을 통해 제어하는 신개념이다. 어렵다. 예를 들면, IOT · 자율주행차 · 빅데이터 · 로봇공학 · 드론 · 클라우딩 · 나노기술 · 바이오산업이 4차 산업혁명의 대표주자들이다. 선진국들은 이미 이들 산업의 선점을 위해 초등교육부터 코딩이나 STEAM(Science, Technology, Engineering, Art, Mathmatics) 교육에 투자하고 있다. 한마디로 융합인재교육이다. 우리도 OECD국가로서 이들 산업에 앞서가고 있을까? 한국의 기술력은 1차 · 2차 · 3차 · 4차 어디에 머물고 있으며 경쟁력은 확실할까? 우리에게 4차 산업혁명이라는 단어가 아직 낯설다. 이걸로 답이 될 듯하다. 그럼 우리보다 기술력이 아직은 뒤쳐진다고 생각들하는 중국은 어디쯤 가고 있을까?

전 세계의 저공을 뒤덮고 있는 드론들 가운데 중국제품은 얼마나 될까? 정답은 90% 이상이다. 대표회사가 DJI인데 올해 두바이에 세계 최초로 승객탑승용 드론을 운용하고, 산업용 드론(농업, 소방, 방범, 탐사, 구조, 운송, 군사, 건설)에 있어서도 앞서고 있다. 매출의 7%를 R&D에 할당하고 인력의 30%가 연구개발자들로 가득하다. 이러니 특허가 1,500건 이상이고 비행컨트롤 능력도 최상이라고 평가받는 것이다. 로봇산업도 마찬가지다. 산업용 로봇의 25%가 중국산이고, 로봇관련 기업만 800개, 산업단지가 40개다. 자동차 쪽은 어떨까? 그래도 이 분야는 한국이 더 우수하겠지 라고 생각하면 큰 오산이다. 중국은 이미 내연기관을 사용하는 자동차는 한물 간데다 자신들의 경쟁력이 이 분야에서는 별로 없다고 판단한다. 그래서 아예 처음부터 전기자동차와 배터리에 올인 한다. 미국 테슬라가 세계 최대의 전기차 배터리를 짓고는 있지만, 중국은 국가 전체량에 있어 미국을 훨씬 앞선다. 이미 2016년에 미국에서 56만대의 전기자동차가 팔리는 동안 중국에서는 65만대가 팔렸고, 그 속도는 가속중이다. 전기충전소의 수도 미국이 따라갈 수 없을 정도다. 그렇다고 양으로 승부하는가하면 그게 아니다. 제로백과 최고속도에 있어서도 중국 전기차가 빠르다. 이미 영국도 런던의 2층버스를 중국 BYD제 전기버스로 바꿨고, 모델 E6는 1회 충전에 400km를 주행한다. 게다가 BYD 하나만 있는게 아니고, BAIC(베이징자동차), SAIC(상하이자동차), GEELY(지리자동차)도 우수한 전기차를 양산하고 있다. 심지어 넥스트EV사의 '니오'는 람보르기니보다 빨라서 1,300마력에 제로백이 2.7초, 시속 313km/h의 속도를 보였다. 금융과 IT를 결합한 핀테크분야는 제조분야와 다를까? 같은 모습을 보이고 있다. 세계 1위의 핀테크 활용국가가 중국이고 의외로 한국은 12위다. 세계 10대 핀테크 회사 중 1,2등을 포함한 5개 상위회사를 중국이 차지했다. 중국의 중국투자공사, 중국건설은행, 중국생명, 국가개발은행을 배경으로 강력한 자본을 투입중인 이 분야는 이미 실리콘밸리 전체기업의 융자액보다 많다. 5G의 표준화에 있어서도 이미 중국은 시험 중이고 세계 최초로 적용할 것이다.

따라올 수 없을 정도로 더 멀리 날아가주마

그렇다. 중국은 한 세대가 1~4차 산업혁명의 모든 과정을 지켜보는 최초의 민족이다. 그러나 이런 사실보다 더 대단한 것이 있다. 이 모든 것이 우연의 연속이 아니라 철저히 전략에 의해 이루어지고 실현되고 있다는 점이다. 그리고 이를 지속시켜나갈 인재가 너무 많다는 게 고민이다. 그동안 첨단기술과학분야는 중국이 넘보지 못하던 것이 사실이다. 미래는 다르다. 그리고 중국의 미래는 과거와도 발전의 성향이 완전히 다를 것이다. 평화적 굴기라는 것이다. 이 부분에서 또다시 누군가는 중국의 패권주의니 힘자랑이니 하며 평화적 굴기라는 용어에 반박할지 모른다. 그러나 사실은 사실이다. 일본의 예를 앞서 언급했듯이 그들의 과학과 의학 분야는 철저하게 전쟁과 다른 민족의 피를 먹고 자란 결과물이다. 일본은 평화를 통해 성장한 적도 없고 창조를 통해 성장한 적도 없다. 오로지 임진왜란, 청일전쟁, 러일전쟁, 태평양전쟁, 한국전쟁, 베트남전쟁 등을 거치면서 지금의 일본기업들이 자라왔고 마루타들에게 잔인한 실험을 한 결과 지금의 일본의학이 성장했다. 전쟁을 통해 과학이 발전하고 경제가 성장하는 국가, 오로지 모방만 하면서 그 기술을 더 세밀하게 다듬는 국가에 근본이라는 것이 있을까? 반면 중국은 수백만이 굶어죽던게 60년대였는데, 개혁개방한지 40년이 채 되지 않았음에도 이미 미래 4차 산업의 선두주자가 되었다. 그런데 그 와중에 전쟁을 벌이면서 남의 피를 통해 얻어냈는가? 아니다. 게다가 수천 년의 역사상 중국이 창조의 국가였는가 모방만 일삼는 비열한 국가였는가를 판단해보라. 앞으로 중국이 어떤 국가가 될 것인지 답은 분명하다.

30년 전의 인간이 지금 2017년의 모습을 상상하기 어렵다. 앞으로 30년 뒤의 모습은 훨씬 빠르게 변화할 것이기에 상상하기 더 어렵다. 그러나 분명한 것들이 몇 가지 있다. 지금의 4차 산업을 넘어선 중국을 볼 것이라는 것이다. 이런 주장에 반대하는 이들의 근거들 중에 하나가 미국의 셰일가스다. 셰일가스 채굴단가가 낮아지면서 미국이 석유수입국에서 수출국으로 변화되고 산업생산단가 자체가 낮아지면서 산업이 본토로 회귀되며 이와 함께 로봇기술의 발달로 인건비까지 절감되면서 중국의 발전은 멈출 것이라고 말이다. 앞에 일본을 보았듯이 다시 한 번 근본을 보자. 근본을 모르면 그런 소리가 나올 수밖에 없으니 말이다. 신재생에너지, 친환경에너지의 효율이 상승하면서 상용화되고 있어 4차 산업으로 발전하는 시점에 2차 산업의 대표인 석유(셰일가스)로 회귀하는 경제시스템이 더 발전할 것이라는 근거는 무엇일까? 단기적인 생산가 하락이 장기적인 거대 산업혁명의 흐름을 거스를 수 있다는 것은 미시적 시각을 가진 자들의 판단일 뿐이다. 서구권이 로봇활용을 통해 인건비를 절감하여 생산가를 낮춘다고 하는데 중국의 로봇산업은 더 발전하고 있다. 만약 로봇기술이 동일하다면 누구의 생산가가 더 낮을까를 생각해보자.

바이오, 의학, 드론, 태양광에너지, 고속철, 전기자동차, 자율주행차, AI, 빅데이터, 핀테크, 3D 프린터, 우주공학 등 이루 말 할 수 없이 많은 분야에서 중국의 발전이 세계를 앞지르고 있음을 우리는 명확히 인정해야 한다. 이는 기존의 강대국들처럼 전쟁을 통해 이룩한 것도 아니고, 철저하게 중국인들의 전략적 움직임에 의해 이뤄지고 있다는 점도 알아야 한다. 또한 이 산업들이 상호 네트워크화하여 연결되는 순간 신세계가 등장하고 새로운 질서에 의해 세상은 움직이게 된다. 영국이 산업혁명을 일으키고 미국이 정보혁명을 일으킨 것보다 더 파괴력이 큰 변화를 목격할 것이다. 그 선두를 중국이 달려가고 있다.

03 | 많이 참았다, 그들만의 룰,
그들만의 리그

돈이 필요하면 내가 정한 룰을 따라라.

IMF, 한국인들은 많이 들어봤고 상당히 익숙할 것이다. 특히 지금의 30
대 이상의 한국인들을 뚜렷하게 1997년 IMF사태를 통해 그 이름을 기억
하고 있다. 원래 설립 목적은 간단히 말해 달러가 부족한 나라에 달러를
빌려주는 것이다. 외환외기가 동남아시아를 휩쓸던 90년대 중반, IMF 구
제금융이 필요했던 당시 한국으로서는 국가 신용등급 유지뿐 아니라 회

생을 위해서도 IMF의 긴급 자금수혈에 대한 그들의 요구를 들어줄 수밖에 없었다. 돈줄이 마른 상황에서 금리를 인하하고 유동성을 주는 것이 필요했으나 IMF는 금리를 25%가 훨씬 넘는 고금리화 시켰고 결국 멀쩡한 기업마저도 도산하였다. 자금순환이 막히고 기업이 도산하는 상황에서 은행들도 줄줄이 합병되거나 퇴출되었고 외국인의 한국 기업인수와 투자는 대폭 완화되었다. 외국인 주식지분이 급격히 늘었고 공기업들조차 해고를 단행하였다. 이때부터 평생직장은 사라지고 비정규직과 저임금과 아웃소싱이 시작되고 이후 빈부격차가 심해진 상태로 지금의 현실까지 다다른 것이다. 지금의 20대 이하 청년들은 이 과정을 들어는 봤겠지만, 자신들의 일자리가 왜 이리도 구하기 힘든 것이고 한국사회가 왜 살기 어려운지 근본적인 이유를 정확히 알 수는 없었을 것이다. 그저 원래 이런 것이라고 생각들 할지도 모른다. 그런데 한국만 그런 상황에 처해진 것은 아니었다. 80년대 남아메리카 국가들로부터 90년대 동남아시아 국가들도 IMF의 처방을 받았다. 그동안 일궈왔던 경제기반들이 단기 외국자본에 의해 일시에 부도위기에 내몰리고 이때 IMF가 등장하여 위기국가들의 자국 경제기반을 매각하고 외자유입과 교역이 수월토록 장벽들을 제거했다.

또 다른 국제경제 지배기구는 세계은행이다. 1946년에 발족한 IMF와 거의 동시인 1944년에 탄생한 조직인데 두 조직 모두 위치는 워싱턴 DC이다. 명목상 개발도상국의 성장을 위한 자금조달을 장기대출로 하는 것이나, 실제 개발도상국들은 성장보다 발목이 많이 잡히거나 부작용에 시달려야 했다. 개발도상국 지원에 후속되는 개발계획 진행시 강제적이고 불평등한 이행과 무리한 요구를 들어줘야했다. 공공부문의 역할은 축소되고 재정인 긴축되며 각종 규제는 철폐되었다. 즉 무역자유화로의 강제적 이행을 통해 취약한 상태에서 강자에 노출되는 형세가 되어버렸다. 결국 자국 산업들은 붕괴되고 국가경제는 종속되어 발전을 위한 디딤돌들이 없어져버렸다.

중국은 이러한 기구들에 의한 세계경제 지배체제에 반감을 가지고 있다. 빈익빈 부익부, 특정국가에 유리한 무역구조와 자금이동, 불평등한 협정들에 서서히 도전하기 시작하였다. 예를 들어 2015년 IMF 인출자금인 SDR에 기존의 달러, 유로, 파운드, 엔화에 이어 위안화가 새로이 편입된 것이다. 즉, 긴급수혈에 쓰일 수 있게 되었고 특히 기축통화로서의 첫걸음을 내딛은 것이다. 그리고 개발도상국들에 IMF · WB와는 전혀 다른 자금조달을 해주고 있다. 후반에 자세한 사례를 다룰 것이다.

GATT, WTO

중국은 GATT의 후속인 WTO에 대해서도 상당히 불만이다. 예를 들면 이렇다. 중국의 장기대회 대표인 탄중이, 한국의 바둑대회 선수 이세돌, 한국 프로게이머 이기석, 미국 체스대회 우승자 위슬리는 막대한 돈을 놓고 경기를 하기로 했다. 그런데 위슬리의 경제력과 군사력 등 영향력이 너무 커, 위슬리의 압박에 의해 이들은 체스로 게임하기로 결정한 것이다. 누가 이길까? 당연한 결론 아닌가? 국가 간의 경쟁도 이와 유사하게 진행된다고 판단하는 것이 중국을 비롯한 개발도상국들의 생각이다. 특히 중국은 이런 불리한 국제무역체계, 일방에 유리하게 판이 짜여진 틀을 2001년 WTO가입 이후에도 상당한 불만을 가지고 있다. 특히 WTO 체제로 넘어오면서 관세, 반덤핑, 서비스, 지적재산권, 환경문제에 대한 구속력이 강해졌다. 중국은 WTO에 가입하면서 7000개의 관세와 쿼터 등 무역장벽들을 완화해야했다. 그럼에도 불구하고 중국은 세계무역체제에 가입한 덕을 현재까지 잘 활용하고 있다. 환경문제는 어떨까? 특히 2017년 봄 대한민국에서는 중국발 황사와 미세먼지로 인해 야외활동을 한 기억이 별로 없다. 다들 중국을 탓한다. 과거를 보지 못하기 때문이다. 불과 20년 전만 하더라도 서울 시내를 한 번 외출 다녀오면 흰 옷이 시커멓게 변하곤 했다. 서울과 주변의 공장들은 한강으로 오폐수를 무단방출하고 대기 중으로 굴뚝 연기가 배출되었기 때문이다. 더 과거에는 어땠을까? 선진국들이 최초에 산업혁명을 하던 시절에는 주원료가 석탄이었다. 스모그라는 단어를 다들 알 것이다. 지금 일부 해외여행객들을 보면 유럽이 너무 아름답고 자연을 잘 가꿔 놓았는데 미개한 개발도상국들은 자연보호라는 것을 모르고 너무 지저분하다고들 한다. 그러나 스모그라는 용어가 나온 것은 선진국들에 기인한다. 수백 년간 대기와 바다와 육지에 오염물질을 배출해내며 생산품을 만들어냈고, 이후에는 개발도상국들의 저렴한 노동력을 활용하기 위해 후진국에 각종 공장을 만들면서 선진국에는 더 이상 오염물질이 나올 공장이 사라진 것이다. 결국 후진국들은 노동력을 제공하면서 자신들의 대기와 국토가 오염되었다. 그렇다면 지금의 지구온난화는 후진국들 탓인가? 아니면 수백 년간 지구를 오염시켜온 선진국인가? 공장이 없는 선진국이 과거 자신들처럼 공장을 짓고 성장 중인 중국에 환경오염의 비난을 돌리고 있다. 물론 중국은 이를 피하기 위해 급속도로 신재생에너지에 선도적인 투자를 하고 있다. 지적재산권은 어떠한가? 노벨의 경우 화약을 이용해 다이너마이트를 발명했고 엄청난 갑부가되었다. 화약을 발명한 중국에게 로열티를 지급한 적 있는가? 전 세계가종이문서를 사용한다. 종이에 지적재산권을 도입하면 중국은 이미 세계 1위국가다. 아시아에서 고무, 석유, 향신료, 금, 희토류, 목재, 인간, 시장을 착취하여 부국이 되었던 과거 제국주의 국가들은 약소국의 자원들을바탕으로 경제성장을 이루고 이를 바탕으로 각종 과학기술을 발전시켰으며 이제 선진국이라는 이름으로 불리면서 근래 발달한 지식에 대해 지적재산권이라는 새로운 개념을 통해 막대한 이익을 얻고 있다.

환율, 일본, 중국, 환율조작국

제1차 세계대전이 종전으로 치달으면서 기존에 세계를 호령하던 제국주의 국가들, 특히 유럽의 영국과 독일과 프랑스 등은 산업시설은 물론이고 젊은 인구가 사망하거나 부상하고 과학자와 기업인도 실종된 데다 전시 채권으로 인한 혹은 전쟁배상금으로 인한 경제난이 발생한다. 이때 서서히 국력이 상승 중이던 미국은 이 전쟁 이후 영국을 대신하는 강대국으로 부상하였다. 불과 30년도 채 되지 않아 유럽은 2차대전으로 인해 완전히 2류 국가 수준으로 떨어졌다. 미국은 일본에 플루토늄탄과 우라늄탄 각각 1발씩 투하하여 2차 세계대전을 완전히 종결시켰고 세계 제일의 군사력과 경제력을 갖춘 초강대국으로 세계무대에 등장한다. 소련이라는 냉전 시대의 경쟁자가 있었지만 사실 경제력으로는 비교도 되지 않았다. 그러나 1970년대 이후 강력한 경쟁자가 등장했으니 바로 일본이다. 일본 또한 핵분열탄 2발을 맞은 패전국인데도 불구하고 전후 5년 뒤 한국에서 전쟁이 일어나자 이를 기회삼아 미국 군수산업의 혜택을 맛보게 된다. 이 덕분에 경제가 다시 살아났고 드디어는 미국이 긴장할 정도로 성장해버린 것이다. 일본에 대한 무역적자를 보다 못한 미국은 1985년 당시 G5 국가

플라자합의 참석 5개국 재무장관 (맨 우측 : 일본장관)

들을 뉴욕 플라자호텔로 불러들인다. 그 중 일본에 대해서는 엔화의 통화 가치 상승을 합의한다.

이 플라자합의가 실시된 1985년 달러당 엔화는 240엔, 그러나 불과 3년 뒤 달러당 120엔으로 엔화의 가치가 2배 상승하였다. 덕분에 일본의 자본들은 미국의 고층빌딩을 싼 값에 살 기회라고 마구잡이로 사들였고 미국 기업들도 사들였다. 하지만 중요한 것은 일본의 잃어버린 30년이 이때 시작되었고 반대로 미국의 불황은 새로운 고성장의 시대로 접어들었다는 것이다. 일본은 수출이 감소하고 이를 막으려는 정부의 저금리정책은 부동산 거품을 불러일으켰으며 결국 이 거품이 붕괴되자 경제가 도산되기 시작했던 것이다.

바로 이것이다. 환율! 이것하나로 무역의 흐름이 뒤바뀌고 한 국가의 국력이 순식간에 고꾸라진다. 일본 다음의 대상이 바로 중국인 것이다. 중국은 현재까지도 환율조작국이라는 비난과 함께 압력을 받고 있다. 그러나 중국은 일본이 아니다. 미국의 보호 속에서 자란 일본과 다르게, 자원과 시장이 풍부하다. 지금 미국이 중국에 환율압박을 강하게 진행할 경우 잃을 것들이 더 많다. 이미 중국은 미국의 최대 채권국이며 미국 자동차와 애플, 구글, 페이스북 등 수많은 기업들이 중국의 시장에 진입하기를 간절히 바라고 있다. 각종 희토류도 중국의 보유량이 상위권이다. 즉, 1985년 강제적인 환율조정으로 성장이 멈춰버린 일본과는 달리 중국은 환율에 대한 장기적인 방어가 가능할 것이다.

이제 더 이상 참지 않는다

서구국가들과 일본에 의해 최근 100년간 갖은 수모를 겪어온 중국. 그들이 짜놓은 자본게임의 부당한 룰을 지켜가며 지금은 과거의 부를 되찾고 있다. 그리고 막강한 경제력을 바탕으로 자신에게 합

중-일 분쟁지역 댜오위다오(출처 : 네이버)

당한 대우를 하는 국가에게는 막대한 혜택과 원조와 초대형 계약 등의 이익을 주고, 자신에게 적대적인 행동을 보이는 국가에게는 막대한 경제적 불이익을 주고 있다. 단순무식하게 군사력으로 손보는 것이 아니라 경제력을 정치적으로 활용하는 것이다. 어떻게 보면 독특할 수도 있다. 정치에 앞서는 것이 경제였는데 중국은 정치적 이유로 경제적 수단을 사용한다. 지난 2010년 9월 중국과 일본이 댜오이댜오(일본명 센카쿠열도)를 두고 분쟁이 격화됐을 당시 한 중국 어선이 일본 영해를 침범해 일본 해상자위대에 나포됐다. 중국 정부는 즉각 풀어줄 것을 요구했으나 일본은 들은 척도 하지 않았다. 그러자 중국은 희토류 금속의 수출금지 카드를 꺼내들었다. 희토류는 영구자석 등 첨단산업의 필수 금속이다. 일본은 거짓말같이 즉각 어선과 선원을 풀어줬다. 이는 보유자원을 통한 자원안보를 중국이 적절히 활용한다는 사실을 알려준다.

우리가 가장 쉽게 알 수 있는 사례는 바로 사드(THAAD) 배치에 대한 중국의 경제조치이다. 우리는 2016년 이전까지 한반도에 사드 무기체계를 배치하지 않을 것이라는 확언을 중국에 주었으나 이와 달리 실전배치를 하였고, 결국 중국은 한국에 대한 경제적 보복을 선택하였다. 부지를 제공한 롯데에 대한 각종 불시검열과 보이콧운동 방치, 한국관광 금지, 한국기업들에 대한 불매 등이 대표적이다. 잠시 지나가겠지 생각했는데 2017년 현재 그 여파는 더 확산되고 있다. 롯데는 이미 중국에서 부활하기 힘든 실정이고 SK이노베이션은 전기차 배터리에 대한 제재로 인해 공장을 이동 중이다. 국산 스마트폰들도 중국인들의 거부감을 일으키고 중국 관광객 덕에 유지되던 제주도와 명동 일대의 자영업자들은 문 닫기 일보직전이다. 중국인 대상의 성형관광을 비롯한 의료관광도 퇴보중이며 자동차 산업도 휘청거리고 있다. 세계 최대의 시장이라는 타이틀을 가지게 된 중국을 놓치는 것을 미국의 일류기업들도 두려워한다. 그래서 중국 시장을 뚫기 위해 갖은 비굴함을 무릅쓰고 중국의 요구에 대응하고 있다. 그러나 한국 기업들은 중국의 보복으로 인해 중국이라는 시장에서 퇴출당하고 있는 중이다. 천 만을 넘어서 한국 관광의 새로운 도약이 기대되었으나 이미 물거품이 되었다. 중국에 미사일을 날린 것도 아닌데, 무기체계 하나를 배치하였다고 이 정도의 후폭풍이 생기니 중국의 경제적 파워가 무서울 정도다. 여러 가지 설들이 오간다. 사드 레이더가 근본적인 이유가 아니라 한국 기업을 경쟁에서 배제시키려는 의도였다느니, 다른 주변국가들이 한국처럼 말 안들으면 이렇게 된다고 경고하기 위한 의도라는 등 뒷이야기는 많다. 분명한 것은 중국이 자본과 자원을 정치적으로 활용하고 있고, 앞으로 어떤 국가가 그 대상이 될지는 모르겠으나 중국으로부터 아무것도 얻지 못할 것이라는 점이다.

04 | 위안화, 달러를 밟고 일어선다

골드, 파운드, 달러.......KEY CURRENCY

기축통화란 용어라고 하면 바로 달러를 떠올릴 것이다. 사실 기축통화는 달러 그 자체가 아니라 국가 간 결제나 거래를 할 때 기본이 되는 통화를 말한다. 60년대 미국의 한 교수가 만들어낸 용어이지만 오래전부터 기축통화의 개념은 존재해왔다. 최초의 기축통화는 금이었다. 물론 지금도 금은 어디를 가든 통용되는 가치있는 금속이다. 하지만 금이 기축통화가 되기에는 한계가 많다. 일단 무겁다. 무거워서 옮기기도 어렵고 옮기다가 강도를 만날 일도 많아진다. 게다가 금이라는 귀금속은 양적으로 한계가 있다. 과거에도 그랬지만 사람들의 손가락과 목과 귀에 걸려있는데다가 인구가 70억으로 늘어난 지금 금을 좋아하는 중국과 인도 사람들의 소득이 늘어나면서 금 사용량이 대폭 늘어났다. 각국 중앙은행도 만약을 대비해 금을 보관한다. 이러니 글로벌경제구조는 상당한 거래규모가 필요한데 금의 양으로는 따라가질 못한다. 결국 은행들은 금과 교환이 가능하도록 지폐를 사용하고 이를 금 본위제라고 한다. 언제든 지폐를 금으로 바꿔줄 능력이 있는 한 각국의 금 본위제는 잘 운영되었다.

근대 이후 전 세계는 실질적으로 연결되었고 이 때 금 본위제하 기축통화의 지위를 누린 것은 파운드화였다. 유럽 한 귀퉁이의 조그만 섬나라였지만 스페인의 무적함대를 물리치더니 산업혁명으로 공업생산능력이 획기적으로 증가하고 생산된 물건들을 팔아야하니 전 세계로 발길을 돌렸다. 전 세계 발 닫는 곳마다 식민지로 변하고 식민지에서는 노예들과 귀금속과 향료, 특산품들이 영국으로 몰려갔고 영국은 해가 지지 않는 대영제국으로 바뀌었다. 강력해진 경제력과 군사력의 국력을 바탕으로 자연스럽게 파운드화는 각국의 신뢰를 받으며 금 본위제 하에서 기축통화의 역할을 한다.

 하지만, 세계대전으로 인해 국력을 너무 소모해버린 영국을 대신해 새로이 강자로 떠오른 미국이 주도권을 쥐기 시작하였다. 1차 대전으로 인해 힘이 빠져버린 영국은 2차 대전으로 완전히 공업시설, 식민지, 자본을 탕진해버렸으며 미국은 세계 최대의 경제대국이자 군사대국으로 탄생한 것이다. 2차 대전이 끝나기 직전의 1944년 미국 뉴햄프셔주의 브레튼우즈, 여기서 44개 주요국 대표들은 브레튼우즈 협정을 통해 금 본위제에 의한 달러가 사실상 기축통화의 자리를 넘겨받았다. 그 당시 전 세계 금 보유량의 70%를 미국이 가지고 있었으니 언제든 달러를 금으로 바꿔줄 능력도 있었다. 하지만 미국은 베트남 전쟁에 빠져들며 군사비에 과도한 지출을 하고 반면에 미국의 마셜플랜에 의해 유럽은 금새 선진국으로 재도약하기 시작하였다. 이에 각국은 달러에 대한 불신을 가지기 시작하였고 미국의 금은 유럽으로 빠져나가기 시작하였다. 덩달아 금 가격도 상승하면서 미국의 달러를 금으로 언제든 교환이 가능한 시절이 지나가고 더 이상 금 본위제를 유지하기 어려워진 미국 닉슨 전 대통령은 달러를 금으로 바꿀 수 없다고 발표한다. 금과의 연결고리가 끊긴 미국 달러는 이제 자유로워졌다. 미국에 대한 신용이 있는 한 달러는 지금도 지구 구석구석에서 돌고 있다.

그런데 왜 자신들의 화폐를 기축통화로 유지하려고 노력할까? 이 나라나 저 나라나 내 화폐를 쓰고 있으면 나는 언제든 화폐를 찍어내서 이 물건 저 물건을 살 수 있다. 내 화폐의 가치를 하락시키면서 말이다. 그것도 환율이라는 것을 고려하지 않아도 되니 기축통화국의 기업들은 환율에 대한 관리부담이 없다. 게다가 세계 각국이 외환보유고를 위해 기축통화를 꾹꾹 저장해놓기 위해서 노력한다. 기축통화국은 이런 나라들의 상품을 잘 사용하고 기축통화를 지불하면 그 나라들은 잘 쌓아놓는다. 굉장히 남는 장사다. 또한 전 세계의 통화량을 조절하는 것도 기축통화국인 것이다. 세계 경제를 좌지우지 할 수 있다.

금의 울타리가 싫었어......달러

1944년 브레튼우즈 체제가 시작된 이후, 미국은 금 1온스(28.35g)에 35 달러의 가치를 고정하는 금 본위제를 시행했다. 미국은 각국 중앙은행이 요구시 금으로 바꿔줄 능력이 있었고 공식적인 기축통화로서의 지위를 갖춘 것이다. 전쟁이 한창이던 유럽 국가들은 미국의 무기와 곡물에 대해 화폐 대신에 금으로 지불하기 시작하였고, 결국 전후 전 세계 금 보유량의 70% 이상을 가지고 있었으니 어려운 일도 아니었다. 달러의 기축통화 지위확보와 확실한 금 태환 보장능력 덕에 안정적인 경제거래가 가능하였다. 하지만 여러 가지 문제가 발생하면서 금 본위제의 유지가 어려워지기 시작한다. 그 발단은 50년부터 3년간 지속된 한국전쟁, 그리고 베트남전쟁이라고 할 수 있다. 특히 미군의 대규모 참전이 시작된 1965년부터 완전 철수한 1973년까지 베트남 전쟁에 소모한 전비로 타격을 많이 받는다. 전쟁 당시 베트콩 한 명을 잡기위해 소모된 자본이 33만 달러. 하루에 포탄 몇 만 발씩 쏘아대고 소총탄은 연사로 발사되었다. B-52폭격기는 연간 20억 달러 규모의 폭격으로 천 명 남짓을 사살하고 전비는 유례없이 소모되었다. 이 기간 동안 총 111억 달러, 현재 가치로 따지자면 700억 달러가 넘는 재정이 투입된 것이다. 동시에 미국의 마셜플랜 덕에 2차 대전의 악몽에서 벗어나 다시 선진국으로 부활한 유럽, 특히 프랑스의 샤를 드골 대통령은 미국이 과연 자신들의 달러를 금으로 바꿔줄 능력이 있는가 의심하기 시작한다. 그는 금을 인출해달라고 요청하고 전 세계가 함께 이를 원하기 시작했다. 그러는 사이 미국의 금 보유량은 줄어들었고 결국 가지고 있는 금의 양보다 10배 이상의 달러가 통용되고 있었다. 결국 닉슨 대통령은 1971년부로 금 본위제의 폐막을 선언하였다.

금과 더 이상 바꿔줄 수 없는 달러는 그저 종잇조각으로 몰락한 것일까? 사실 그렇지 않다. 달러는 여전히 기축통화의 역할을 하였고 금이라는 울타리를 벗어난 달러는 사실상 무한정의 발행이 가능하게 되었다. 돈이 필요할 때마다 달러는 인쇄되었고 그 달러는 각국의 상품과 서비스의 형태로 교환되었으며 최종적으로 달러의 가치는 하락하였다. 결국 노동의 대가로 획득한 소중한 달러에 담긴 땀이 막대한 발행으로 인해 가치가 하락한 것이다. 이런 형태로 발행된 달러는 결국 미국 정부의 부채로 남게 되지만 상환시기에 이르면 다시 한 번 달러를 찍어낸다. 부채는 계속 늘어가지만 전 세계가 달러를 사용하고 신뢰하는 한 이런 순환은 반복된다.

달러에 마음으로만 도전한다.....유로화

EU의 공식통화인 유로화(€)는 1999년 유럽 15개국 정상이 경제통화동맹을 맺은 후 단일통화가 된 화폐단위다. 50년대 유럽에서는 서로간의 외환부족을 피하기 위해 유럽지불동맹을 맺었다. 원래 달러와 금으로 서로 거래하다가 달러가 모자라니 이런 유동성을 해결하고자 동맹을 맺은 것이다. 그러나 유럽경

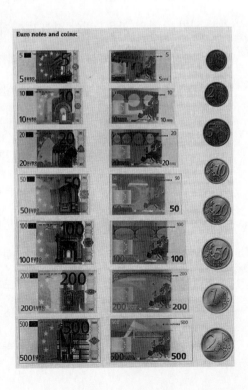

제가 부활하면서 수출이 늘어나고 유동성이 문제가 되지 않으면서 이 동맹은 사라진다. 이후 통화협정이나 스네이크제도, 통화제도 등의 새로운 통화협력시기를 거쳐 왔다. 이런 과정 속에 유럽 국가들 간의 교역이 안정성이 높아져갔다. 1989년에는 유럽의 화폐를 통합하기 위한 준비가 시작되었고, 1999년 유럽중앙은행이 가동된 것이다. 과도기를 거쳐 2002년 7월 1일 부로 각 국의 기존 통화들은 법적통화로서의 효력을 상실하고 유로로 완전히 대체되었다. 당시 벨기에 · 프랑스 · 독일 · 이탈리아 · 룩셈부르크 · 네덜란드 · 아일랜드 · 그리스 · 포르투갈 · 스페인 · 핀란드 · 오스트리아가 참가하고, 영국 · 덴마크 · 스웨덴 3개국은 불참했다. 하지만 참가한 국가들 간의 환율장벽이 사라지고 거대한 경제권이 완성되면서 국제금융시장에서 달러화와 함께 기축통화로서 발돋움한다. 현재 달러가 40%, 유로가 30% 거래비중을 형성하고 있다.

그러나 유로화는 달러를 대체하기에는 한계점들에 부딪히고 있다. 먼저 금융거래의 상당부분을 차지하는 석유, 곡물 등의 자원거래가 아직 달러로 거래되고 있다. 게다가 유럽의 금융위기 이후 회원국 간의 갈등이 표면으로 드러났다. 그리스 정부의 사기극으로부터 시작된 유럽 금융위기는 스페인, 이탈리아, 포르투갈과 아일랜드까지 영향을 미치면서 파산 직전까지 몰아갔다. 방만한 지출과 부패로 얼룩진 이들 국가지만 유로존에서 축출하기 어려웠다. 결국 구제금융을 통해 극복중이지만 이들은 자국의 통화정책이 없이 유럽중앙은행이 관리하고 각 국가는 세입세출의 재정만 관리하기 때문에 위기대처도 어려웠다. 게다가 서유럽, 남유럽, 북유럽 국가들 간

유럽중앙은행 (ECB : European Central Bank)

에 서로 손해보고 있다는 편견들이 통합을 어렵게 만들고 있다. 누구 때문에 유로존의 신용이 떨어진다 혹은 누구만 이득을 보면서 산다는 등 오해를 하고 있다. 여기다가 영국이 유럽위기에 의해 금융을 지원하다보니 불만이 쌓이기 시작했고 결국 2016년 EU를 탈퇴하였다(브렉시트). 금융위기의 위기는 지났지만 가장 큰 문제는 유럽 경제 그 자체다. 이미 세계경제의 중심은 아시아, 특히 동북아시아에서 동남아시아 및 남아시아로 축이 이동하고 있다. 글로벌기업들조차 자본과 인력, 그리고 시장이 이들 지역 위주로 일어나고 있다. 유럽국가들조차 이런 경제 축의 이동을 바라보면서 기존의 틀을 벗어던지고 중국에 적극 구애하는 실정이다. 유럽중앙은행이 2017년 최초로 위안화를 외환보유고로 포함한 점이 단적인 증거다. 유로화가 절대 기축통화로 성장하기에는 잠재력이 부족하다. 오히려 위안화에도 뒤쳐져 갈 수 있다.

내가 나서주마.....위안화

한때 달러의 기축통화 지위를 넘보던 엔화와 유로화는 자신들의 주제를 알고 저 뒤로 물러나있다. 경제규모와 성장잠재력에 있어 미국을 넘본다는 것이 일본과 유럽에게는 무리였다. 그러나 달러를 두려움에 떨게 하는 존재가 나타났으니 바로 위안화다. 중국으로서는 세계 최대의 달러 외환보유고 4조 달러를 보유중 인데 이는 중국인 14억의 피와 땀으로 벌어들인 돈이다. 즉, 재화와 서비스를 미국에 제공하고 중국은 4조 달러를 벌어서 저축해놓고 있는 것이다. 그런데 미국이 양적완화를 통해 달러를 마구 찍어내면 자신들이 수십 년 못 먹고 고통스럽게 벌어온 4조 달러의 가치가 종잇조각처럼 떨어진다. 결국 기축통화를 가진 국가는 늘 적자라고는 하지만 언제든 통화를 찍어내 사고 싶은 것을 살 수 있다. 타국의 땀을 무용지물로 만들면서 말이다. 이런 점에 중국의 기축통화로의 꿈이 나타나는 것이다. 이미 중국은 2015년 IMF의 SDR로 편입되면서 기존의 달러, 유로, 엔, 파운드에 이어 새로이 특별인출권 통화바스켓에 들어갔다. 한마디로 기축통화로 국제적인 인정을 받은 것이다. 사실 이것은 시작에

불과하다. 중국은 일대일로라는 사업을 통해 유럽과 아시아, 즉 유라시아를 중화경제권으로 만들고자 하는 거대하고 장기적

인 프로젝트를 시작했다. 이를 재정적으로 뒷받침하는 AIIB는 위안화 국제거래를 실시한다. 게다가 2015년 인민은행은 이러한 위안화의 거래에 있어서 달러를 통한 이중거래없이 직거래할 수 있는 위안화 국제결제시스템을 운용하기 시작했다. 과거에는 미국 주도의 은행 간 국제결제시스템인 SWIFT를 사용하였는데, 미국의 제재를 받지않기위해 중국의 은행들은 벌벌 떨어야했다. 그러나 이제 중국 자체의 위안화 국제결제시스템이 구축되었고 여기에 수백 개의 은행이 참여하고 있으며 이 은행들은 일대일로에 연계되는 수 천조 이상의 대규모 프로젝트 거래비용을 위안화로 거래해 나갈 것이다. 당장 러시아는 중국과의 천연가스 거래를 달러에서 위안화로 바꾸어 버렸다. 우리나라를 포함하여 유럽중앙은행조차 위안화를 외환보유고의 주요자산으로 변경하였으며, 국제거래의 비중이 점차 상승하고 있다. 반면 미국은 FTA 일방적 파기와 보호무역주의로의 회귀 등으로 인해 기존의 행보에 누적하여 국제적 신뢰를 잃어가고 있다. 방대한 부채 또한 문제인데 이러한 미국과 달러 신뢰의 추락으로 인해 미 공화당은 다시금 금 본위제로 돌아가자는 주장마저 하고 있는 실정이다. 사실 금융사를 보면 영국이나 네덜란드, 프랑스, 스페인, 포르투갈 등 한때 기축통화의 지위를 가졌던 국가는 80년도 못갔다. 달러는 이미 그 기간을 넘어섰다. 미국이 긴장하는 이유가 아닐까? 우리도 좀 더 빠르게 일대일로 사업에 참여하고 위안화 거래 및 보유 비중을 과감하게 확대해야 한다.

Chapter

V

절대 건드리면 안된다

글로벌 파워 국가가 되기 위한 최종이자 궁극의 단계가 군사 분야다. 그런데 군사 분야에서 다른 국가들보다 가장 탁월하다고 평가를 받으려면 무엇이 필요할까? 요즘 언론사 안보담당 기자들의 수준이 매우 향상되어 거의 군사보고서급으로 기사가 나오고 있긴 하지만 대다수의 일반시민들은 주로 무기를 가지고 판단하는 성향이 있다. 예를 들어 거대한 항공모함과 그에 속하는 전단을 여럿 가지고 있으면 군사강국으로 본다거나 타국을 능가하는 최신예 스텔스기나 전차를 보유한 국가를 그렇게 판단하기도 한다.

하지만 군사강국이 되기 위해서는 그런 무기뿐만 아니라, 그 군을 이끄는 군인들의 자질, 군사작전을 타국의 것보다 월등히 앞서도록 하는 군사전략 및 전술, 전쟁을 효율적으로 진행할 수 있는 군대 구조, 이들을 가지고 적국보다 오래도록 전쟁을 지속할 수 있는 전쟁지속능력, 타국에 의존하지 않는 국가방위산업기술력, 국민들의 전쟁관, 지도자의 군사에 대한 이해력과 지휘력 등이 종합적으로 판단되어야 하는 것이다. 2차 대전의 사례들을 한 번 살펴보자. 당시 유럽전선에서 가장 탁월한 성능의 전차를 보유한 국가는 독일이 아니라 프랑스였다. 그런데 히틀러의 독일군에 프랑스는 얼마나 쉽게 무너졌는가? 그 원인은 결국 무기가 아니라 전략·전술의 차이였다. 프랑스는 전차를 보병지원무기로 단순하게 생각하여 넓게 분산시켜버렸다. 하지만 독일은 전쟁 전부터 전차야말로 당시 전쟁의 핵심적인 무기체계라 생각하여 전술적으로 항공기와 보병을 통합한 전격전을 적용한 것이다. 그럼 태평양전선에서는 무슨 일이 벌어졌을까? 일본의 예를 보자. 당시에 세계 최고의 전투기를 가진 국가가 미국이라 다들 생각하는데 사실은 일본 미쓰비시 공업의 전투기가 가장 기동성능이 뛰어난 전투기였다. 전투기뿐만 아니라 이미 일본은 항공모함과 우리가 알고있는 마루타실험을 통해 최고의 살상력이 입증된 생화학무기들도 보유하였으며 수많은 전투경험을 통해 군인의 자질도 뛰어났다. 왜 패배했을까? 이는 미국의 무지막지한 전쟁지속능력 때문이었다. 즉, 현재 가지고 있는 무기가 뛰어나다고 해서 반드시 전쟁에서 승리하는 것은 아니다. 앞서 설명한 전략·전술의 차이, 전쟁지속능력의 차이 말고도 지도자 군사능력의 차이가 무기성능의 차이를 압도하는 결과도 있다. 바로 베트남전쟁이다. 그 시절 호치민이 얼마나 대단한 무기가 있었을까? 그런데 미국을 패배시킨 것이다. 사실 호치민의 전쟁흐름에 대한 이해력이 이긴 것인데, 그는 미국이 군사운용에 있어 여론에 굉장히 민감하다는 정치적 성향을 파악하고 있었고 미군 사상자에 대한 부정적 여론을 부각시킴과 동시에 남부 지역의 부패성향을 함께 이용하였다. 결국 최강의 무기를 가진 미국이 물러난 것이다.

그러나, 최근까지 무기만 가지고 판단하게 되는 가장 큰 영향은 걸프전이었다. 걸프전은 정말 미국 첨단 군사무기의 우수성을 널리 알린 대표적 사례이다. 사담 후세인도 미처 생각하지 못했을 것이다. 그 정도로 전투력의 차이가 발생할 줄은 말이다. 수많은 러시아제 전차를 가지고 막강한 군대를 보유하고 있었으니 한 번 해볼만 하다고 생각했다. 그러나 역대 어느 전쟁과 비교할 수 없을 정도로 일방적으로 두들겨 맞았다. 야간투시 장비가 없고 사정거리가 짧은 이라크 전차의 군인들은 밤중에 어디서 날아오는 전차탄에 의해 학살당했고, 하늘에서는 MLRS를 중심으로 한 포탄들이 정밀하게 떨어졌다. 게다가 갑자기 하늘에서 전투기가 나타나 폭격을 해대니 어찌 이길 수 있었을까? 이런 미국의 최첨단 무기체계의 일방적 학살이 CNN을 통해 전 세계로 전파되었고, 일반시민 뿐 아니라 직업군인들조차도 저런 무기체계가 필요하다고 입을 모았다. 무기체계 성능의 차이가 마치 전쟁승리의 열쇠인 마냥 인식된 결정적 계기인 것이다.

사실 걸프전 이후로는 주권을 가진 두 개의 국가가 전면전을 벌인 사례가 없기에 이런 고정관념을 없애는 것이 힘들다. 지금 당장 국력이 비슷한 국가 간의 전쟁이 벌어진다면 위에 언급한 무기체계뿐 아니라 전쟁지속능력, 지도자의 능력, 군인의 자질, 국민의 의지, 군대의 구조, 방위산업 기술 등 종합적인 요소들이 결과를 만들 것이다. 그렇다면 중국군대는 현재 어느 시점까지 와있고, 어떤 방향으로 나가고 있는지 그 종합적인 동향을 보면 중국의 군사적 능력이 보일 것이다. 그것이 이 장의 첫 번째 주제다. 그리고 이런 중국의 잠재력을 먼저 본 패권국이라면 잠재력이 현실적 능력으로 바뀌기 전에 저지하려고 노력하지 않을까? 이는 두 번째 주제다. 패권국이 성장을 방해하면 이를 뚫고 나가려고 노력하고 있을 것이다. 이를 뚫고 나간 중국의 군사력은 미래 어떤 모습일까? 마지막 주제로 다뤄본다.

01 | 어디까지 왔나, 중국군?

우리가 중국군대라 하면 일단 군인의 숫자가 매우 많고 무기의 질적 수준
은 떨어진다고 판단한다. 하긴 그런 적이 있었다. 2000년대 전에 말이다.
지금 중국인에게 그런 말을 들려주면 어떤 반응을 보일까 궁금하다. 분명
한 답은 강한 반박일 것이다. 그렇지만 외국인들에게 중국군대는 여전히
뒤쳐진 군대일 것이다. 최근 언론에서 떠들 듯이 중국의 최초 항공모함도
러시아에서 사용하던 중고품이고, 중국 최초의 자체제작 항공모함도 전
투기 이륙에 있어 증기방식을 사용하니까 이런 면들을 봐서도 중국은 기

술력이 모자란 군대라 한다. 그리고 더 나아가서 이런 군대가 어느 세월에 서구 군대를 능가할 수 있겠냐고 반문한다. 또 다른 언론은 중국이 위성을 파괴할 수 있는 미사일 실험을 성공한 것으로 보아 상당한 비대칭기술력을 확보하였고, 기존의 핵강국이며 스텔스기를 만들어내는 것만 보아도 이미 군사력 강국에 도달했다고 한다. 이 상반되는 언론들은 하나의 단면만을 보여주고 중국군의 능력을 판단해버린다. 이런 이미지 조작을 통해 한 국가의 안보방향을 좌우하려는 시도는 너무나 위험하다. 어느 국가이건 자기 주변국의 군사력을 정확히 모르면 자신의 군사력도 제대로 준비하지 못한다. 과연 우리는 중국군대를 어디까지 알고 있을까? 솔직히 말해서 크게 관심이 없는 듯하고 관심이 있는 자들도 편견에 사로잡힌 듯하다. 그렇다해도 전혀 놀라운 일이 아니다. 우리는 항상 주변국의 군사력동향을 예의주시하지 않았고, 그로 인한 대가는 수 천 년간 피해자로써의 역사로 기록되어있다. 외세가 들어오면 왕은 도주하기 바빴고 신하들은 뿔뿔이 흩어졌으며 장수들은 너무 쉽게 길을 내주고 장정들은 죽임을 당하며 아낙들은 희롱당했다. 외적들이 나라를 휩쓸고 가면 남아있는 것은 황폐한 흙덩어리와 배고픔과 괴로움이었다. 중국이 통일되었을 때, 징기스칸의 몽골족이 통일되었을 때, 도요토미 히데요시가 일본을 통일했을 때, 여진족이 중국을 장악했을 때, 서양의 군사력이 근대화되어 세계로 정복을 나갈 때 그 힘의 흐름을 알았더라면 미리 대처했을 것이고 아픔의 역사도 없지 않았을까? 지금 다시 한족의 중국이 첨단화되어가고 있다. 어디까지 왔을까, 중국 군대?

대륙의 군대, 중국 육군

군사 분야에도 차원이 있다는 것을 들어본 적이 있는가? 2차대전이 있기 전까지도 전쟁의 양상은 육상과 해상에서 이루어졌다. 그러나 비행기라는 것이 발명되자 기구 대신 비행기로 정찰을 하기 시작하고, 정찰을 하다보니 적국의 비행기랑 공중에서 만나게 되었다. 결국 적국의 정찰비행기를 격추시키고자 기관총을 탑재하고 이런 방식으로 전투기와 폭격기가 탄생하여 2차대전의 주도권을 가져오게 되었다. 즉 3차원으로 전쟁이 진화하였다. 그러던 것이 정밀무기가 전쟁의 대세가 되면서 정밀무기를 유도해주는 GPS가 발달하고 적의 미사일을 막아내는 MD도 필요하고 적의 군대가 무슨 짓을 꾸미는지 위성사진도 필요하게 되었다. 게다가 적의 위성은 파괴해서 눈을 가리려는 노력들이 펼쳐지게 된다. 이렇게 전쟁의 영역이 확장되었는데 최근에는 눈에 보이지 않는 사이버상의 전쟁이 추가되어 5차원 전쟁이라고들 한다. 하지만 이런 첨단무기들의 근본적인 약점은 디지털무기라는 점이다. 전자기폭탄 한 방이면 수 백 킬로미터 이내의 첨단무기가 무력화되어버린다. 그리고 아무리 원거리에서 원격으로 정밀타격 한다고 한들 최종적으로 육군이 적을 소멸시켜야 전쟁이 종료된다.

즉 항복을 받아내는 것은 육군이라는 점이다. 그런데 이 육군은 주로 인력위주로 구성되고 해·공군·우주·사이버군은 첨단무기이다 보니 육군에 들어가는 예산이 첨단무기 양산에 장애가 된다. 결국 육군을 축소시키되 정예화하는 방향으로 각 국의 군대가 변하는 것이다. 중국 또한 마찬가지이다. 전체 인민해방군이 과거 300만이 넘어가던 군대규모를 200만으로 줄이고, 지금은 더 과감하게 축소해나가면서 군대 편성을 전면 재조정한 것이다.

중국 7대 군구(출처:상해 에버그린 블로그)   중국 5대 전구(출처:중국 빈과일보)

이와 동시에 지휘구조도 동시에 변화되고 있다. 예를 들어 군사령부 - 군단 - 사단 - 연대 - 대대로 이어지는 지휘라인에서는 많은 단계를 거쳐서 명령이 하달된다. 그러나 중국의 신 지휘 구조는 집단군 - 여단 - 대대로 상당히 심플한 지휘구조를 보인다. 이와 같은 구조적인 개혁과 함께 무기체계에 있어서도 육군은 변화하고 있다. 신형 96B전차를 도입하고, 공격헬기를 자체 생산하는 단계까지 와있다. 과거처럼 수량에서 승부를 보는 것은 말 그대로 과거일 뿐이다. 더불어 전투경험이 없기에 전투력이 없다고들 한다. 하지만 잘 생각해보자. 서구의 최근 전투경험조차 대테러전투로서 주로 정규군이 아닌 비정규 테러분자들을 색출하고 타격하는 임무였다는 것을 말이다. 두 정규군대가 전면전에서 전투를 한 국가는 2000년대 들어 사실상 없다. 누가 전투경험이 있고 없고를 논하기가 곤란하다.

태평양에서 세계로, 중국 해군

최근 동북아에서 육군보다 더 발전의 속도를 내고 있는 분야가 해군이다. 특히 중국의 경우 주변국과 마찰요소가 많을 뿐 더러 글로벌체제에 깊이 편입될수록 해양수송로 확보를 위한 해군기지 건설 및 해군력 발전이 중요해지고 있다. 그 중에서 최근 이슈가 되는 것이 우크라이나제를 개조한 '랴오닝' 항공모함이다. 일부는 이것이 원자력도 아니고 무기체계도 구식이라 전투력이 없어 별 의미를 두지 않으려 한다. 그러나 이것은 단순한 판단이다. 중국이 가장 잘 해왔던 것이 모방과 창조의 엄청난 발전 속도다. '랴오닝'함도 중국에게 있어서 그저 실험대상일 뿐이다. 이 함을 가지고 미국에 대항할 생각조차 없다. 단지 항공모함 운용에 관한 발전의 속도가 관건이다. 벌써 중국은 '001A'호를 대련조선소에서 자체 건조하여 올해 2017년 4월에 진수하였고 실전배치가 2020년으로 코앞이다. 이 뿐

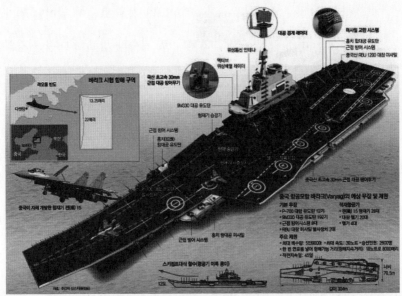

중국 랴오닝 항공모함 (출처:주간동아)

만이 아니다. 중국 3호 항공모함도 이미 건조중이며 앞의 두 항모와 전투
기 사출방식이나 운용의 규모가 다르다는 것이다. 게다가 원자력 추진 항
공모함일 가능성도 배제할 수 없다. 그리고 항공모함은 단독으로 운용되
지 않고 전단을 형성한다. 즉 수중에서는 잠수함이, 항모 옆에서는 이지
스함이 항공모함 함재전투기와 함께 막강한 전투력을 투사하는 시스템
인 것이다. 따라서 잠수함과 이지스함 등 전단 무기체계도 함께 봐야한
다. 중국은 현재 공격형 핵잠수함 5척, 수중발사 탄도 미사일(SLBM) 탑
재 핵잠수함 4척, 공격형 디젤 잠수함 54척을 합쳐 총 63척의 잠수함을
배치하고 있다. 2020년까지 적어도 최대 78척의 잠수함을 보유하게 될
것으로 전문가들은 추정한다. 특히 곧 취역할 중국 3세대 원자력잠수함

중국 052D 이지스함 (출처:밀리터리이야기 블로그)

들의 경우 효율이 뛰어난 원자로 기술과 함께 초대형 직경의 고강도 내압선체, 첨단 음향탐지 기술, 잠수함 소음 완화 기술을 채택할 예정이다. 이 기술들은 현존하는 미국의 원자력잠수함의 능력을 능가할 것이다. 게다가 사정 1만5000km에 이르는 잠수함 발사 대륙간탄도미사일(SLBM) 쥐랑(巨浪)-3호도 개발되었으니 항모뿐만 아니라 잠수함 전력도 무시할 수 없다. 강력한 레이더를 탑재하여 방어망을 펼치는 이지스함 또한 중국제가 짝퉁이라고들 하는데 과연 그럴까? 우리 해군은 현재 3대를 보유중인데 중국은 이미 6대를 배치하였고, 특히 최신의 중국 055형 이지스함은 항모킬러 둥펑미사일을 탑재하고 스텔스 설계를 도입하였으며, 수직발사 미사일의 탑재량도 상당하다. 제일 중요한 레이더의 경우도 미군 스텔스기를 장거리에서 탐지가 가능한 수준이다.

하늘의 군대, 중국 공군

공군하면 우선 떠오르는 것이 스텔스기다. 스텔스전투기, 스텔스폭격기 이런 것들을 많이 가지고 있으면 레이더에 걸리지않고 적을 공격할 수 있기에 각국이 개발 중이다. 이미 개발된 지 수십 년이 지난 기술인데 중국의 수

중국 J-20 스텔스 (출처:South China Morning Post)

준은 어디까지 왔을까? 이미 J-31 전투기를 자체개발한 상태이다.

그러나, 여기서도 짝퉁이니 성능이 떨어지니 폄하를 많이 당한다. 중국은 이미 수년전 J-20이라는 스텔스기를 자체 제작하였었고, 현재 공개된 J-31의 경우 대당 가격도 800억 원대이기에 친중 국가로의 수출이 대거 예상된다. 물론 미국의 설계도를 획득하여 중국화 하였다고 비난도 받지만, 중요한 점은 단시간 내에 F-22, F-35를 모방한 스텔스기를 자체 생산해냈다는 점이다. 즉 가까운 미래에 중국의 스텔스능력이 어디까지 갈 수 있을까 정답을 구하려면 중국의 고속철도나 슈퍼컴퓨터, 우주항공기술 혹은 전기차산업의 경우를 보면 쉽게 알 수 있다. 물론 중국은 적국의 스텔스기를 잡아내는 양자레이더를 개발 및 보유중이다.

우주의 군대, 중국 로켓군 · 사이버군

이제 5차원 전쟁의 첨단을 달리고 있는 중국의 로켓군과 사이버군을 살펴보자. 로켓군이란 과거 중국의 미사일부대(제2포병)이 변화된 것으로 다탄두 대륙간탄도미사일, 극초음속 비행체, 핵탄두, 그리고 장차 우주전략 무기를 담당하게 된다. 여기서 다탄두미사일과 극초음속 비행체의 경우 미국의 미사일방어체계(MD) 방어능력을 수량과 속도에서 초과하는 탄두를 발사하여 무력화시키는 무기이다. 사실 무서운 것은 로켓군의 우주무기와 관련된 진행속도다. 중국은 이미 2013년 무인 우주선을 달에 착륙시켰고 2020년대 우주정거장을 건설할 예정이며 수많은 관측위성을 발사했다. 서구는 벌써 우주정거장을 가지고 있고 달 탐사도 수십 년 전에 끝냈는데 너무 늦은 거 아닌가라고 반문하기도 한다. 그러나 서구의 우주정

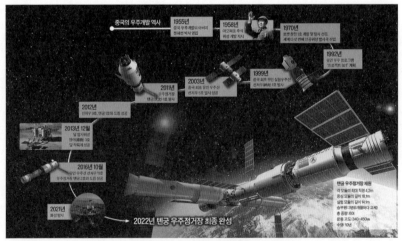

중국 우주굴기 (출처:중앙일보)

거장 유지비용은 막대하기에 현재 운용중인 것이 수명이 다하면 재투입 계획이 없다. NASA는 금융위기 이후로 예산이 부족하여 러시아 로켓을 임대하여 위성을 발사중이다. 우주개발에 막대한 자금을 투자할 수 있는 국가는 중국이 유일하다. 그리고 의지도 강하다. 5년 내 화성탐사도 진행한다. 우주에서 적국 위성을 파괴하는 고출력 레이저무기도 개발 중이다. 이런 속도로 우주개발을 하면서 군사화된 우주무기의 수준이 어디까지 갈 것인지는 뻔한 결론이다. 눈에 보이지 않는 사이버군의 경우도 괄목상대할 만하다. 아직도 확실히 정체가 드러나지 않은 중국 사이버군은 수만 명의 해커를 운용하고 있으며, 평시에는 적국 국방에 관한 정보를 수집하고 전시에는 적국 C4ISR(지휘통제망)과 주요 전략무기를 무력화시킨다. 사이버전이 있기 전에는 적국 국방을 마비시키는데 특수부대를 투입했어야 했지만 이제는 해커들이 더 안전하고 신속하며 완벽하게 마비시켜버릴 수 있다.

02 | 나를 포위하려고?
너를 고립시켜주마

구소련이 붕괴하고 20여년이 넘는 기간 미국의 단극체제가 유지되었다. 의도적인 것이 아니라 대항마가 없었기에 자연스럽게 형성된 체제였고, 이 패권은 끝이 오지 않을 줄 알았다. 하지만 패권의 지위는 근대에 들어 100년을 넘기 힘들었고 미국의 세기가 시작된 20세기 초부터 현재의 21세기 초까지 정확히 100년이 되었다. 불안할 것이다. 나의 재정상태는 엉망인데 급부상하는 저 멀리 대륙국가는 돈이 남아돈다. 'MADE IN CHINA'는 무조건 저급상품인줄 알았더니 기술력이 저만치 앞서가는 기

미국의 대 중국 포위망 (출처:조선일보)

업도 탄생하고 있다. 우주 · 해저 · 보이지 않는 공간에서도 그들이 장악하고 있다. 인구도 4배가 넘고, 그만큼 인재와 특허와 시장 성장이 어마어마하다. 이제 과거의 동맹국들조차 중국이 만들어 놓는 새로운 판도에 가담하거나 갈등하고 있다. 더 불안해 진다. 가만 보고 있을 것인가? 당연히 그럴 수 없는 것이다. 가만히 놔두면 오늘의 대장은 내일의 대장이 만든 룰을 따라야하기 때문이다. 여기서 지정학적인 전략이 해결책으로 보인다. 지정학이란 지리적인 요소와 정치적인 요소를 판단하는 학문이다. 영국의 매킨더와 미국의 마한이 대표적인 학자들인데 중요한 내용은 패권을 차지하기 위해서는 유라시아 대륙의 중심부를 장악하거나 세계의 바다를 장악해야 한다는 것이다. 사실 글로벌리즘이 확산되면서 전 세계 모든 국가가 세계경제 구조 속으로 편입된 상황에서 생산자원과 수출입품들이 이동하는 해상수송로를 안전하게 확보하고 또한 원거리의 적대국에게 화력을 쏟아 부을 수 있는 해양투사력이 매우 중요하다. 미국은 일단 대륙이건 해양이건 중국의 주변 모두를 둘러싸고 포위하여 압박하려는 형세다. 중국 주변 미국 동맹국의 군사능력을 강화하거나, 미군을 직접 파견하거나 미사일방어체계를 구축하거나 새로운 동맹국을 만들어내는 것이다. 지금부터 미국의 대중국 포위전략을 살펴보자.

미국 MD로 중국 로켓군을 막아주마

최근들어 가장 핫이슈가 바로 MD이기에 앞서 설명할까 한다. 냉전시절 미국은 구소련과 다양한 분야에서 경쟁했는데 그중에서 MD와 관련된 것이 STAR WARS다. 사실 SDI(Strategic Defense Initiative)라는 전략방위구상이 그 시발점이었다. 이는 미국이 우주공간에서 적국의 미사일을

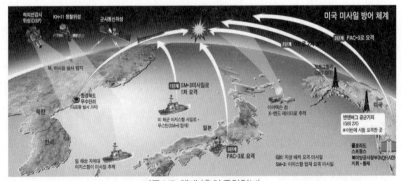

미국 MD 체계 (출처:중앙일보)

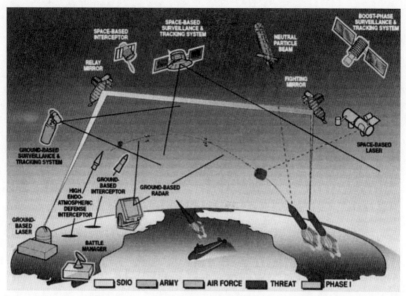

미국 SDI (출처:나무위키)

레이저로 파괴하여 본토를 방어하는 개념으로서 시대를 상당히 앞서나간 구상이었다. 이런 체계를 구축하려면 요격을 위한 인공위성, 조기경보를 위한 인공위성, 요격미사일, 레이저무기 등이 개발되어야했고 여기에 수백억 달러의 예산이 투입되었다. 돈도 없는 구소련이 이를 쫓아가려다 붕괴되었다는 비화가 있을 정도로 방대한 계획이었다. 그러나 이 시기의 연구결과들이 21세기 들어 부시 정권에서 MD로 부활한 것이다. 이 MD에는 두 가지의 개념이 묶여있다.

바로 전구미사일 방어체계인 TMD(Theater Missile Defense)와 국가미사일방어체계인 NMD(National missile defense)이다. NMD는 미국

을 향해 대륙간탄도미사일을 발사될 경우, 고성능 요격 미사일을 발사해 공중에서 요격함으로써 미국 본토를 방어한다는 미사일 방어 계획이고, TMD는 단거리 및 중거리 탄도미사일로부터 해외주둔 미군이나 미국의 동맹국을 보호한다. MD의 요격체계는 탄도 미사일 비행 과정의 각 단계별로 고성능 요격미사일을 발사해 적의 탄도 미사일을 요격하는 것이다. 요격체계로는 이지스(Aegis) 순양함이나 구축함에서 발사하는 SM-3 미사일과 패트리어트 그리고 고고도 지역방어 미사일인 THAAD(Terminal High Altitude Area Defense)가 있으며, 미 본토에는 특별히 개발된 지상발사요격미사일인 GBI(Ground-Based Interceptor)가 있다.

그렇다면 왜 과거의 구소련과 지금의 중국은 美 MD체계에 대해 극도의 반감을 가지고 있을까? 전략에 큰 차질이 빚어지기 때문이다. 일명 MAD(상호확증파괴) 전략이라고 해서 핵을 가진 두 국가 중 어느 국가라도 먼저 핵을 사용하면 당한 국가에 의해 핵으로 파괴된다는 것이 핵심내용이다. 그런데 핵을 보유한 적대국간 어느 일방이 자신의 핵은 마음껏 사용이 가능한 상태에서 적국의 핵을 발사 초기부터 파괴할 수 있는 방어체계를 가진다면 두 적대국간의 핵억제전략의 균형이 붕괴된다. 중국이 우려하는 것이 이 점이다. 이미 일본은 SM-3 요격미사일과 PAC-3 요격미사일로 이루어지는 미사일방어체계를 구축하였다. 최근에는 개량형 PAC-3 요격미사일로 성능을 업그레이드하기 위해 美 록히드마틴 및 레이시온과 작업 중이다. 여기에 육상형 이지스 요격체계를 추가하여 3단계로 방어체계를 구축할 예정이다.

한국에도 이제는 전 국민이 알고 있을 THAAD(Terminal High Altitude Area Defense)체계가 1개 포대가 실전 배치되었다. 일본과 달리 한국은 THAAD를 배치하였는데, THAAD 1개 포대는 발사대 6기로 구성되며, 발사대 1기당 8발의 미사일이 장착된다. 즉 1개 포대는 총 48발의 미사일로 구성된다. 이 THAAD라는 것의 본 목적은 중간에 요격을 하지 못한 미사일을 종말단계에서 요격하는 것인데 왜 중국이 난리일까? 이유는 이것이다. THAAD 체계 안에는 미사일 외에도 AN/TPY-2 라고하는 고성능 X밴드 레이더가 있다. 이 AN/TPY-2 레이더는 최대 탐지 거리가 1800㎞다. 해당 레이더가 사용하는 X밴드는 파장이 짧아 적 탄도미사일을 먼 거리에서 정밀하게 탐지하는 데 유용하다. 미국은 일본 내 2곳에도 이 레이더를 배치해 놨다. 우리나라에 배치된 레이더의 경우, 서해에서 중국 원자력추진 전략잠수함이 잠수함 탑재 탄도미사일(SLBM)을 발사할 시 즉각 탐지할 수 있다는 가능성 때문에 중국 로켓군의 미사일이 무력화될 수도 있어 크게 반발을 하며 한국에 '사드 보복'이라는 형식으로 롯데를 배척하고 관광을 금지시키는 조치를 취한 것이다. 이는 중국 대륙간 탄도미사일(ICBM)의 경우도 마찬가지다. 이유가 무엇이건 일단 미국의 MD체계는 확실하게 태평양과 일본에서 그리고 우주에서 중국의 미사일을 방어할 수 있도록 작동중이라는 점이다. 중국이 미국에 핵이라는 주먹을 날리지 못하도록 말이다.

미국 동맹국들이여, 강해져라 그리고 중국을 포위하자.

글로벌 패권을 혼자서 유지하기는 힘들다. 일단 돈이 많이 든다. 병력도 많이 드는데 늘리기가 쉽지 않다. 제일 쉬운 방법은 중국과 갈등관계에 있는 주변국과 관계를 강화하는 것이 첫 번째요, 그 주변들의 군사력을 업그레이드도 하고 무기수출도 하면서 강화시키는 것이 두 번째다. 일거양득의 전략이다. 여기에 다양한 국가가 동참하고 있다. 제일 신나서 움직이는 나라가 일본이다. 2차대전의 패전국으로서 교전권이 평화헌법에 의해 묶여있었으나 이를 개정하려하고 있고, 미일간의 연합훈련 수준도 향상되면서 동맹이 더욱 강화되고 있다. 일본으로서도 댜오위다오 분쟁해결의 가장 든든한 친구를 확실하게 얻고 있는 셈이다. 일본의 군사력 확대계획에도 적극 지지하는 한편 일본의 미사일방어체계 개선과 스텔스 전투기 확보에 협력할 예정이다. 일본도 방위비를 50조원 넘게 확대하면서 현실화하고 있다. 트럼프 당선직후 바로 달려가서 함께 하이파이브하며 골프를 친 것도 아베 신조 일본총리다.

중국의 동남단에서는 1949년 이후 지금까지 긴장관계에 있는 대만을 군사적으로 강화시키고 있다. 대만은 미국에 잠수함, 스텔스전투기, 무인항공기, 대함미사일 등 소요를 제기하고 있고 최근 2017년 6월에는 이를 미의회가 승인하는 절차를 밟았다. 첨단 미국무기를 대만인들이 가지고 중국인들에 대항할 전투력을 가지게 되는 것이다. 판매예정인 총액이 2조원이 넘는다. 동쪽의 일본도 막강한데 동남쪽의 대만까지 막강해지니 중국으로서는 상당한 부담이 된다. 그런데 이게 끝이 아니다.

남쪽에는 전통적으로 중국의 앞마당이라 불리는 동남아시아가 있다. 필리핀의 경우 두테르테 대통령 등장 이후 오락가락하면서 친중 면모를 보였다가 친미 면모를 보이기도 하였지만 일단 미국은 필리핀과 5개 군사기지를 확보하는 방위협력확대협정을 체결했다. 베트남도 여기에 가담중이다. 前 오바마 대통령이 미국 무기의 베트남 수출금지 해제를 승인하였고, 함께 연합훈련도 진행 중이다. 싱가포르는 전통적으로 친미성향이었고 미 해군의 병참기지역할과 함께 연합훈련을 하고 있다. 한때 인권문제로 미국과 갈등을 빚으면서 친중화 되어가던 태국의 경우 최근 지도자들이 백악관으로 초대되고 인권문제는 거론되지 않으면서 군사적 접촉면이 다시 늘고 있다.

서쪽에서는 중국의 잠재적 경쟁국 중 가장 강력한 인도가 도사리고 있다.

미군과 인도군은 중국 국경인근에서 연합훈련을 실시하고 있고 군수지원협정을 통해 군사기지 이용도 가능하다. 일본도 가담하여 미−인도−일본 연합해상훈련도 실시하였다. 당연히 군사기술과 무기판매 등 핵심적인 사안들도 합의를 해나가고 있다. 2017년 6월 말, 미국이 인도에 무인기 가디언 22대를 3조 원에 판매 승인한 것이 가장 최근의 사례이다. 이는 지속적으로 증가할 것이다. 중국을 극도로 싫어하는 모디 인도총리의 성향으로 봐서 인도는 미국과 더욱 친밀한 관계를 형성하면서 중국 서쪽 견제의 튼튼한 동맹국 역할을 할 것이다. 인도 외에 아프가니스탄에 미군 11만, 타지키스탄·키르기스스탄·우즈베키스탄·투르크메니스탄에도 미군은 주둔중이다.

중국의 해상을 막을 기지를 확보해라

일단 중국의 주변을 적대적 세력들로 둘러막아 놓으면 중국의 군사력과 정치력이 사방으로 분산된다. 한편에서 일본과 충돌하고 아래에서 인도와 충돌하고 동남아시아 국가들과 분쟁하다보면 중국의 힘은 현저히 약화될 수밖에 없다. 사실 중국으로서는 일찍이 주변 접경국가들과 국경에 대한 협정을 지어 분쟁의 소지를 없앴는데 기존 적대세력들이 강해지다보니 불편한 정도가 아닐 것이다. 그러나 여기서 끝이 아니다. 중국에게 더 큰 문제는 해상항로의 확보다. 여기에 대해 미국과 중국이 한창 해외 해군기지 건설에 심혈을 기울이고 있다. 미국이 현재까지 군사기지를 확보한 것은 다음과 같다.

중국의 동해에는 일단 한국과 일본이 있다. 그 외에 B-1B 전략폭격기를 보유한 앤더슨 공군기지와 핵잠수함을 보유한 아프라 해군기지, 그리고 THAAD 1개 포대가 있는 미국령의 괌도 마찬가지다. 남쪽으로 가보면 필리핀의 수비크만과 클라크 공군기지 등 5개소를 사용하기로 합의하였고 싱가포르에도 미군 함정을 배치하기로 하였다. 더 남쪽의 호주는 사실상 미국의 51번째 주라고 여겨지듯 안보적으로 미국의 영향력 아래에 있다.

대한민국은 세 면의 바다를 가지고 있다. 반면 중국은 서해바다를 우리와 공유하고 있고 그 아래 동남쪽 바다만이 해양진출로다. 그런데 한국, 일본, 괌, 대만, 호주, 동남아시아에 미 해군과 공군들 또는 동맹군들이 배치되어있다. 한마디로 바다는 포위되었다. 여기에 미국의 인공위성이 우주에서 실시간으로 보고 있고, 수중에서는 미국의 핵잠수함과 무인잠수정이 계속 돌아다니니 중국의 항로는 언제든 봉쇄될 수 있는 취약한 구조다. 중국 연안을 벗어나면 더 취약하다. 앞서 언급했지만 군사력을 원거리에 투사하려면 항공모함 정도가 필요한데 미국은 10척, 중국은 그저 그런 2척을 가지고 있다. 원양에서도 미국의 상대가 되질 못한다.

신형 항공모함을 보여주마

아무리 동맹국과 관계를 강화한다지만, 이 동맹이라는 것이 언제 어떻게 변할지는 아무도 예측 불가하다.(일본은 제외다. 일본 자체가 본인들이 아시아인들과 차별적이고 우월하다는 생각을 가지기에 아시아국가와 친해질 생각은 없다.) 한국과의 관계는 정권의 변화에 따라 강약을 왔다 갔다 하였다. 최근 필리핀에 상당히 독특한 성격을 지닌 두테르테란 대통령이 등장하면서 친미와 친중을 오가고 있다. 그것도 장기간에 걸친 전략적 변화라기보다는 단기간에 이리저리 뛰듯이 말이다. 동맹이라 부를 수 있을까? 베트남의 경우도 중화경제권에 편입되다보니 알 수 없다. 베트남보다 더 심한 것은 대만이다. 대만이 중국과 관계가 매우 좋지 않고 언제든지 전쟁이 일어날 수 있으며 항상 완전한 중국으로부터의 독립성을 가지고 싶어 할 거라 생각들 하겠지만 천만에 말씀이다. 중국도 대만인들이 지켜보기 때문에 홍콩의 독립성을 최대한 인정해주는 한편, 대만인들은 중국의 자본과 기업과 관광객이 없이는 생존 자체가 불가능하다. 그리고 중국과의 교류는 점점 확대되고 있다. 이런 상황에서 미국이 온전하게 동맹에 의존하여 중국을 포위했다고 단정

미국 최신예 제럴드 포드급 항공모함 (출처:Dailymail.co.uk)

짓기 어렵다. 결국 해결책은 자신의 군사력을 투입하는 방법만이 남는다. 해군력이다. 그런데 심각한 문제가 발생했다. 해군력, 즉 항공모함 전단은 유지하는 비용이 어마어마한데 미국은 경제위기 이후에 국방비를 과감히 확대하기가 어렵다. 10척의 항공모함도 점차 도태시키기로 했었다. 이 항공모함이라는 것이 연간 유지비가 약 5천억이 들어간다. 한 척을 건조시키는 데는 14조가 들어간다. 이런 것을 10척을 가지고 있으니 국방비가 여간 투입되는 것이 아니다. 그러나 트럼프 대통령이 당선된 후 그의 모토(Make America Great Again)처럼 신형 항공모함을 계속 건조하여 배치하기로 결정한 것이다. 그것도 한 척이 아니라 연간 계획을 세워 주기적으로 건조한다는 것이다. 이번에 11번째 항공모함은 어마어마하다. 건조비용만 14조. 배수량은 10만t이다. 함재기만 80대에 최신형 원자로 2기를 설비하여 20년간 무제한의 동력을 갖는다. 이 원자로들은 기존의 것보다 전력생산량이 2.5배여서 원자로에서 발생하는 증기로 터빈을 돌리지 않고 원자로의 열로 전기를 생산하여 전기로 모터를 돌린다. 은밀성이 강화된 것이다. 그래서 사출장치도 증기식이 아닌 전자식이다. 최첨단의 항모이다 보니 자동화된 부분이 많고 그래서 항모 승조원이 4600여명으로 줄어든다. 최초 계약당시의 비용보다 20% 넘게 비싸게 만들게 되었지만, 계획대로 이런 항모 2척을 계속 건조하기로 했다는 것은 의미가 있다. 중국은 이제야 자체항모 1호기를 겨우 띄웠는데, 미국은 차원이 다른 항모를 계속 만들어 내고 있으니 말이다.

03 | 미국을 내 근처에 얼씬 못하게 해라

미국의 포위를 중국은 어떻게 헤쳐 나가고 있을까? 이 장에서는 군사적인 면에서 설명을 할 것이다. 하지만 우리가 착각해서는 안 될 사실들이 있다. 중국은 군사를 군사로 대응하는 것을 기본전략으로 삼고 있지 않다는 점이다. 아마 낯선 개념일 것이다. 굳이 예를 들자면 북핵을 들 수 있다. 이에는 이, 눈에는 눈 이라는 전략을 사용하자면 북한의 핵보유에 대응해 한국도 핵무장을 해야 한다는 주장이 나온다. 그럴싸하다. 현실은? 그렇지 않다. 한국이 핵무장의 조짐이나 행동을 시작하면 핵클럽국가들의 경제제재는 물론 외교고립과 함께 원전에 사용할 원료부족으로 전기마저 끊길 것이다. 가장 좋은 방법은 북핵이라는 군사적 수단을 자금줄과 에너지 차단 등 경제적 수단으로 대응하는 것이다. 현재 유엔 안전보장이사회에서 진행 중인 대북정책의 주요수단이다. 중국도 이와 유사한 전략을 사용한다. '경제적' 수단이라는 측면에서 보자면 말이다. 그러나 근본철학은 그와 정반대라 할 수 있다. 중국은 주변국에 경험해보지 못한 경제적 이익을 제공하려한다. 이를 통해 자연스럽게 중국 영향권 아래 편입시킴으로서 미국의 포위를 해제하려한다. 그러나 경제적 수단만을 믿을 수는 없는 법. 국제관계상 최후의 수단은 군사력이기에 이 분야의 준비도 철저하다. 미국이 사방에 펼쳐놓는 MD체계를 뚫고 타격할 수 있는 방법, 강화되는 미 동맹국들을 약화시키거나 전향시키는 방법, 중국 자체의 해외 해군기지를 운용하는 방법, 자신들도 최신의 항공모함을 신속하게 배치해 나가는 것들이다. 잘 헤쳐 나가고 있을까? 하나씩 살펴보자.

중국의 로켓으로 MD를 뚫어주마

강력한 자본과 과학기술력으로 무장하면서 강해지는 파워를 외부로 지향하고 있는 중국의 군사력에 대해 미국은 막으려하고 중국은 뚫으려한다. 우주-사이버-해상-육상-외교-경제까지 말이다. 하지만 점점 중국의 포위망 해제가 가시화되고 있다. 막으려 해도 막을 수 없는 단계에 이르렀다. 그 중의 대표적인 것은 MD체계의 무력화를 위한 극초음속 비행체 개발이다.

극초음속 비행체라고 불리려면 마하 5 이상의 속도를 내야한다. 중국의 극초음속 비행체는 이미 마하 10을 기록했다. 중국의 인재전략인 천인계획, 만인계획의 결실이다. 과거 맨해튼 프로젝트를 통해 원자폭탄을 개발했던 미국 뉴멕시코주의 로스앨러모스 연구소, 이곳에서 최근까지 부소장으로 지내던 중국인 첸스이 교수. 그는 귀국하여 같은 연구소 출신들을 불러들여 2014년 1월 9일 DF-ZF라고 불리는 극초음속 비행체를 최초 시험했다. 이후 수차례의 성공적인 실험 끝에 마하 10(음속 10배, 시속 11,000km)을 달성했다. 이 속도는 1시간 내에 지구의 반대편 어디라도 타격할 수 있다는 뜻이다. 특히 이 비행체의 독특한 특성들은 위험성을 더한다. 스크램제트 엔진을 사용하는 이 비행체는 대기권 100km 상층부까지 도달한 뒤 분리되어 수 천 km의 거리를 활강하기 시작한다. 이 때 중국의 수많

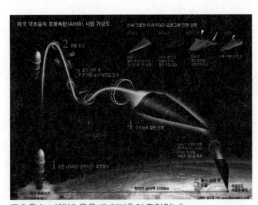

극초음속 비행체 운용개념도(출처:중앙일보)

은 군사위성으로부터 원격통제를 받으면 자체의 또 다른 소형 보조추진 엔진을 이용해 비행궤도를 수정할 수 있다.

중국이 극초음속 비행체를 개발하는 목적은 결국 적국의 MD체계 파괴에 있다. MD체계는 통상 탄도미사일의 단순한 궤도를 탐지하여 THAAD, SM-3, PAC-3 등으로 파괴한다. 그러나 극초음속 비행체는 일단 빠르다. 마하 10이다. 게다가 탄도미사일보다 궤도가 낮다. 더 중요한 것은 비행경로를 바꿀 수 있다는 것이다. 매우 빠른 크루즈미사일처럼 말이다. 이런 특성으로 인해 MD체계로 이 비행체를 요격하는 것이 불가능하다. 이론상 마하 15까지 가능하다고 하지만 그 이상의 속도를 구현해 낼 수 있다. 중국은 이미 MD를 파괴할 수단을 확보하게 되었다. 핵탄두를 탑재한 극초음속 비행체라는 무시무시한 무기를 말이다. MD체계의 핵심인 인공위성을 파괴할 무기는 이미 10여 년 전에 개발했으니 어떤 공격무기를 더 만들어 낼지 궁금하다.

중국을 도와줄 동맹국을 포섭하라

미국은 모든 역량을 동원해 중국을 포위하려고 한다. 항공모함을 태평양 일대로 총 집결시킨다거나 아시아 지역을 순방하면서 외교적 수단을 강구하면서 말이다. 동시에 동맹국에 첨단무기 판매를 승인하면서 동맹국가의 군사력을 강화시킨다. 하지만 중국은 크게 걱정하지 않을 듯하다. 기존의 동맹국이거나 친미성향의 국가들이 중국 쪽으로 돌아섰기 때문이다. 차이나머니, 후진국에 대한 조건 없는 금융지원과 각종 혜택, 막강한 인프라 구축, 세계 최대의 중국 국내시장 개방 혜택 등 너무나 많은 이익이 눈앞에 도사리기 때문에 중국 봉쇄에 참여하고픈 의지들이 없는 듯하다.

당장 미국의 안마당이라고 여겨지던 중남미부터 심상치 않다. 쿠바미사일위기를 일으켜 혼쭐난 흐루시초프 시절의 러시아가 기억날 테지만, 중국은 달랐다. 일단 중남미 국가들이 미국을 따르지 않는다. 국경에 장벽을 쌓고 있고 불법이민자들은 강제송환되며 강력해지는 보호무역으로 인해 중남미에 세워질 공장들이 미 본토로 이동해버린 것이다. 반면 중국은 차관 등의 금융지원, 통화스왑 제공, 각종 MOU 체결, 구리와 철광석 등 주요자원 수입을 해주면서 중남미의 생존을 책임져주고 있는 실정이다. 특히 니카라과의 경우에는 파나마운하보다 규모가 크고 이동거리도 수 백 km 단축시켜줄 운하를 파고 있다. 니카라과는 2012년 9월 중국 기업인 홍콩니카라과운하개발(HKND)와 계약후 2014년부터 운하개발을 착공했다. 100년간의 운영을 사실상 약속한 상태다. 동남아는 말할 것도 없다. 기존부터 화교중심의 경제권이 형성되었었고, 현재 동남아 국가들의 최대무역국은 중국이다. 게다가 일대일로 사업을 통해 동남아의 무역활로는 날개를 달게 될 것이다. 최근 APEC을 개최한 베트남의 경우 50% 이상의 무역비중이 중국에 달려있으며 13년 연속으로 최대의 무역파트너이다. 노동자와 유학생도 중국으로 몰려가고 있다. 중국이 그동안 공을 들여왔던 아프리카도 말할 것 없다. 다른 국가들은 아프리카 국가들에게 자금지원도 별로 없고 준다하더라도 각종 조건을 내걸었다. 하지만 중국은 자금과 기술을 제공하고 유학생 교육도 시켜준다. 정치적인 조건도 없고 그저 경제논리로만 접근한다. 이 덕분에 아프리카의 경제가 살아나고 있고 각종 인프라가 건설되고 있다. 중국의 저렴한 자동차와 스마트폰은 아프리카인들의 일상을 바꾸고 있다. 기존에 미국의 주요동맹국이던 유럽의 선진국들도 점차 중국 측으로 돌아서고 있다. 독일의 경우 2014년 유럽에서 최초로 중국 위안화 청산결제은행을 설립한 데 이어 중국의 우량주가 위안화로 표시되어 독일에서 거래가능토록 CEINEX(중국유럽국제거래소)가 세워진다. 일대일로 사업에 대한 적극 참여를 약속했고 지멘스나 에어버스 등과 적극 협력하고 있다.

하지만 미국의 대중국 포위전략을 풀어나감에 있어 가장 중요한 국가는 러시아다. 이미 러시아와는 군사적으로 너무 밀접해져있다. 2005년 8월 18일 부로 중국과 러시아 최초의 합동 군사훈련인 'Peace Mission'을 매년 실시하고 있다. 육해공군이 총 출동하며 SCO(상하이협력기구)의 이름 아래 진행된다. 최근 2017년 9월에도 중국과 러시아의 해군은 한국 동해상에서 잠수함 구조, 대잠 방어, 연합 구조 등의 해상훈련을 실시했다. 미국은 포위전략의 실시가 문제가 아니라 기존 친미국가들의 이탈방지에 혼신의 노력을 기울여야 할 것이다.

미국의 진입을 막을 기지를 확보해라

시진핑 주석의 숙원사업이자 중국 공산당 핵심사업인 일대일로, 그 중에서 해상실크로드 구축을 위한 행보가 빨라지고 있다. 미국과 일본이 중국의 해상수송로를 언제든 어디서든 차단할 수 있다는 위협을 인식하고 있는 중국은 수송로 상에 군사기지를 확장하고 있다. 해외 군사기지를 확보하게 되면 중국 해군의 작전능력이 상당히 향상된다. 지난 2010년 중국 해군 광저우함이 엔진고장으로 아프리카 인근에서 방황할 때 지부티에 군사기지를 둔 프랑스 해군의 도움 덕에 살아났다. 군함 정비 뿐만 아니다. 중국 해군 입장에서는 해상수송로를 이동하며 보호하는데 1만 km 이상의 거리를 수 개월 간 기항없이 이동하다보니 수병들의 신체능력이 저하되고 보급이 어렵다. 적절한 보급과 정비, 그리고 수병들의 휴양이 필요하다. 이를 통해 수송로 확보를 용이하게 할 수 있다.

가장 먼저 발을 디딘 곳은 동아프리카 인구 90만의 지부티. 수에즈운하의 길목에 위치한 조그만 곳에 이미 미국, 영국, 일본도 군사기지를 보유중이다. 중국은 여기에 항공모함 보급함을 수용할 수 있는 시설을 구축하고있고 연계되는

중국 해외 군사기지(출처:연합뉴스)

도로 등 인프라를 구축중이다. 또한 호텔을 비롯하여 관광객 증가로 인해 지부티의 호응과 기대도 얻고 있다. 파키스탄 과다르항구도 43년간 확보했다. 페르시아만 입구에 위치하여 아랍국가들과 매우 근접하다는 이점을 지녔다. 인도와 적대적인 파키스탄으로서는 이미 중국의 무기를 저렴하게 도입중이고 중국은 추가적으로 발전소와 부두를 건설중이다. 여기에 과다르항만 사용까지 파키스탄과 중국의 밀월관계는 일대일로 핵심지역으로 성장했다. 또한 2014년 시진핑 주석이 몰디브를 방문하여 야민 대통령과 회담을 실시하였고 마라오항만 사용권을 확보했다. 게다가 스리랑카 콜롬보의 함반토타항 99년 운영권, 방글라데시 치타공, 미얀마 시트웨, 캄보디아 시아누크빌, 말레이시아 코타기나발루, 케냐 라무항, 예멘 등 해상 실크로드 상 관련 국가들의 주요항구를 하나씩 확보중이다. 운하를 아예 통째로 새로 만들어서 운영권을 확보하기도 한다. 기존에 주요 해상수송로였던 말라카해협의 위쪽에 태국 남부 크라골짜기. 이곳에

중국은 길이 102km에 폭 400m의 운하를 30조 원을 들여 공사한다. 완공시 말라카해협을 사용할 일은 없게 되고 시간과 운임을 대폭 절약할 수 있다. 아예 없던 기지를 만드는 사례도 있다. 스프레틀리 제도, 일명 남중국해 상의 군도에 중국은 군사기지를 만들었다. 3개의 인공섬을 확장시키고 이곳에 전투기 수 십 대를 운용가능토록 격납고, 레이더, 행정건물, 무기고, 숙영시설을 이미 건설하였다.

공격이 최선의 방어라는 사실을 보여주듯, 중국을 아시아에 묶어두어 고사시키려는 봉쇄전략을 중국은 대외확장이라는 카드를 통해 붕괴시키고 있다. 모든 일이 순탄하지만 않을 것이다. 주변국가들에게는 항만운영권이라든지 차관제공 또는 인프라건설 시 중국인 우선고용 등 사소한 문제들이 발목을 잡을 수 있겠지만 최종적으로 이 국가들은 중국의 시장과 자본, 그리고 일대일로라는 화려한 미래의 한 축이 될 기회를 버릴 수 없을 것이다.

점점 더 강해질 것이다.

미국 국방비는 640조 원. 이 예산은 내년 확대되어 700조 원을 넘길 것이다. 한 국가의 군사력은 결국 국방비 투자규모에 달려있다. 그런데 국방

예산은 그 국가의 경제
력에 달려있다. 문제는
미국과 같이 세계 최대
규모의 부채로 연방정
부가 수시로 임금지불
정지를 당할 뻔하는 국
가가 이와 같은 700조

중국 스텔스 무인기(출처:중국 심천위성TV)

원 규모의 막대한 국방비를 단 몇 년간이라도 지속적으로 감당할 수 있을
것인가 하는 점이다. 여기에 국제안보의 핵심이 놓여있다. 냉전시절 구소
련은 자신들의 경제력 이상에 해당하는 국방비를 투입하며 미국과 경쟁
하였고 결국 일시에 붕괴하였다.

지금의 모습은 정반대가 되었다. 정부 부채를 줄여나가고자 신형 항공모
함 구축량 감소 및 국방예산 절감을 추진하던 오바마 정부의 정책이 트
럼프 정부가 들어서면서
반대로 가고 있다는 것이
다. 중국과의 국방비 경쟁
을 앞으로 감당해 낼 수 있
을까? 예를 들어 현재 미
국의 GDP 대비 국방비 비

중국 미래 항공모함(출처:Chinadailymail.com)

중은 3.3%, 중국은 1.3% 수준이다. 경제규모에 비해서 매우 적은 비중의 국방비 투자만으로 지금의 중국 군대를 만들어냈다. 중국 국방예산은 2005년 약 30조 원, 2010년 80조 원, 2016년 220조 원으로 급격하게 상승중이지만 GDP 대비 1.3~1.4%를 유지하고 있다. 만약 중국이 3% 수준으로 향상시키면 군사력 균형은 단시간 내에 좁혀지거나 역전되며 예산을 감당하지 못하는 군대는 도산할 것이다. 누군가는 중국의 숨겨진 예산인 전력증강비와 국방기업 이익 등을 고려하면 2배로 계산해야 한다고 하지만 그래도 2% 수준이다. 예산 자체보다 더 중요한 것은 이러한 예산의 실질적인 반영가치다. 미국이 700조 원의 예산을 쏟아 붓더라도 이 자금의 상당부분은 어디로 가는 것일까? 140만 규모의 미국 군대, 이 군대는 한국과는 다른 모병제다. 즉 월급을 받는 직장이다. 미군 상병의 한 달 봉급이 한국 돈으로 400만원이다. 한국군 영관급 장교 수준이다. 병사 한 명이 월 400만원의 봉급을 받는데 간부들 봉급과 상당규모의 군무원까지 고려하면 국방비의 절반이다. 여기다 전력증강을 위한 비용도 천문학적인데 예를 들어 차세대 항공모함 제럴드 포드급은 척 당 12조 원이다. 병사 한 명당 수백만 원의 월급도 줘야하고 복지시설과 자금도 운영해야하며 무기체계 도입에는 수 조 단위 투자해야하는 어마어마한 물가. 그렇기에 실질적인 국방비 투자효과를 고려해야한다. 미국의 700조 원, 중국의 230조 원. 명목상으로는 3배가 넘는 차이다. 그러나 중국은 숨겨진 전력증강비와 군사기업 이익을 고려하면 400조를 훌쩍 넘는 국방비를 사용하고 있다. 여기서 비교를 시작해야 한다. 700조 원과 400조 원. 미국은 절반 이상을 경상운영비에 투자하고 전력증강비도 과도한 무기가격으로 인해 큰 효과는 없다. 200만 군대를 지닌 중국은 사병 월급이 20만 원도 되지 않는다. 장군이 되어서야 300만 원이 넘는데 이는 미군 상병보다 적은 월급 수준이다. 무기체계도 저렴하다. 미국의 F-22는 4,400억 원, 중국의 상대인 J-20는 1,000억 원 수준이다. 인건비도 무기가격도 너무나 저렴하다. 즉, 이미 국방예산의 큰 격차가 사라지고 있는 두 국가의 실질적인 국방예산 투입효과는 이미 역전된 상태라는 것이다. 중국의 임금과 가격을 고려하면 1,000조를 투입한 것이나 다름없다.

더욱 중요한 것은 미국의 국방예산은 앞으로 감소될 수밖에 없는 환경에 놓일 것이고, 중국은 아직도 추가할 수 있는 여력이 너무나 크다는 것이다. 게다가 이미 동남아의 무기시장을 중국의 가성비 강한 무기체계들이 장악하고 있어 전 세계 방위산업 시장이 중국 쪽으로 돌아서고 있다는 점이다. 군사력은 경제력이 뒷받침되어야 한다. 중국은 이미 앞서버린 것이다.

유일한 난제, 소프트파워

01 | 내가 왜 매력이 없어?

오랜 과거에는 일반 백성들이 글자를 배우는 것은 금지되거나 제한되었
다. 심지어 편지를 쓰는 것도 허용되지 않았다. 그저 농사만 잘 짓고 때가
되면 세금이나 잘 내면 겨우 입에 풀칠하고 살게끔 해주었다. 문자와 정
보라는 것은 상류층의 점유물이었다. 하층민이 글을 알게 되면 세상의 진
실에 다가가기 때문이다. 세월은 흘러 모든 것이 대량생산되고 대량의 노
동자가 필요하게 되자 공립교육이라는 것이 생겨난다. 말 그대로 공장노
동자에게 반드시 필요한 덧셈, 뺄셈, 곱셈, 문자해독 정도의 수준만 지니

면 된다. 그들에게 정치철학이나 역사, 인문학을 가르치는 순간 세상에 눈을 뜨기에 이런 교육은 귀족 자제들의 전유물이었다. 이들은 사립학교 교육을 통해 외국어, 승마, 대수학, 물리학, 철학, 역사 등을 배우면서 세상을 지배하는 방법을 깨우쳐나갔다. 현대에 들어와 깨우침이 적고 공립 교육의 수준이 낮으며 그 숫자는 많을수록 그 나라 국민의 의식수준이 떨어진다. 그런 나라의 국민들은 영화, 스포츠를 통해 통제하기가 쉽고 독서를 많이 하지 않는다. 그들의 공통점은 언론플레이에 쉽게 좌지우지 된다는 점이다. 언론에서 연일 누군가를 비난하고 헐뜯으면 순식간에 역적으로 돌변한다. 아무리 성실하게 살아왔더라도 말이다. 지도자들도 언론을 무서워하게 된다. 지금 전 세계에서 가장 파워가 강한 것이 미디어다. 따라서 전 세계인의 의식을 바꾸려면 주요 미디어를 통해 원하는 것들을 만들어 지속적으로 송출하면 된다. 영화와 드라마에 자신들에게 유리한 잠재의식을 심어놓고 적들에게 불리한 부분들을 시청자들의 내면에 자연스럽게 심어놓으면 그만이다. 이런 것들을 사리분별하는 시청자는 드물다. 내가 선이고 저쪽이 악이라고 각종 미디어에 뿌리면 된다. 그렇기에 중국이라는 나라는 인권을 탄압하고 환경을 오염시키고 주변국을 약탈하는 존재로 인식된다. 중국도 이를 방어하기 위해 중국 공영방송 CCTV의 외국용 채널들을 강화한다. 아직은 그 노력이 시작에 불과하다. 그래서 중국은 나쁜 나라란 인식이 강하고 무서운 나라이며 매력이 없는 나라다. 사람들이 중국에 대한 적대적 이미지를 벗어야 하는데 그 길이 쉽지는 않다. 하지만, 좋은 때가 도래한 듯하다.

이민가고 싶은 나라, 미국

뉴욕

미국행 비자를 받아본 적이 있을 것이다. 혹시 없더라도 들어본 적은 있을 것이다. 동남아시아나 일본이나 중국이나 무비자로 여행가는데 미국은 비자받기도 힘들다. 이민은 어떨까? 당연히 엄청 어렵다. 3가지 이민 방법이 있는데 먼저 15억 이상을 미국에 투자하거나 가족이 미국인이거나 아니면 최소한 국제적인 학자나 저명인사가 되어야 미국으로 이민이 가능하다. 지금은 트럼프 대통령의 등장으로 인해 기존에 살던 사람도 쫓겨날 판인데 이민은 생각도 하기 어렵다. 그런데 왜 전 세계의 돈 좀 있는 사람들은 미국으로 이민가고 싶어 할까? 무슨 매력이 있길래? 첫 번째가 바로 미디어의 힘이다. 우리가 태어나서부터 지금까지 헐리우드의 영화와 드라마를 통해 접한 미국의 활기차고 기분좋은 분

고급주택

위기는 사람을 끌어들인다. 뉴욕에 가면 세계 최고의 도시답게 명품과 뮤지컬과 쇼, 마천루, 자유의 여신상, 기가 막힌 맛집들, 예술의 거리들, 맨하탄 공원,

샌프란시스코

월스트리트......뉴욕이라는 도시 하나만해도 매력 포인트가 많다. LA, 시애틀, 샌프란시스코, 마이애미, 올랜도, 시카고 등등 가보고 싶어 하는 도시도 많을 것이다. 거리마다 볼거리가 넘쳐나고 관광객도 넘쳐나고 맛집도 넘쳐나고 말이다. 게다가 세계 최고 수준의 대학들이 모두 몰려있다. 노벨상 수상자들이 직접 가르치는 대학, 너무 비싸서 다른 곳은 엄두도 못 낼 공학장비를 완벽하게 갖춘 대학, 전 세계의 천재 중의 천재들만 모여 있어 저절로 똑똑해지는 대학, 세계를 주무르던 정치가들이 직접 가르치는 대학. 이러니 공부 좀 한다는 학생들은 미국 대학을 선택하지 않을 이유가 없다. 게다가 어느 마을이나 조금만 나가면 아름다운 공원과 웅장한 자연이 즐비하다. 인생의 여유가 넘친다. 전 세계에서 수입되는 질 좋고 값싼 물건들이 끝도 없이 진열되어있다. 세계적인 영화, 스포츠, 정치계, 경제계, 학계 스타들이 대부분 몰려있다. 살아보고 싶지 않은가? 그래서 미국이 매력 있다. 영어를 유창하게 하면 아직도 사람들이 우러러

보면서 질투하지 않는가? 미국 학위가 있거나 경력이 있어도 똑같지 않은가? 매력 있는 나라다.

세계인의 해외여행 1순위, 유럽

저자가 개인적으로 못가본 지역이라서 1순위로 선정한 것은 아니다. 뭐 돈도 비싸고 시간도 없고 여러 가지 핑계가 많다. 미국인들조차 경제위기 이후에 먹고살기 바빠서 학위 하나라도 더 따려고 바쁘고 여윳돈이 없기에 자신이 태어난 주 경계의 바깥으로 여행해 본 적 없는 친구들도 많았다. 돈 있는 미국학생 일부만 유럽을 다녀왔다. 외국에 관심있는 친구들은 잘해야 중남미 정도 다녀온다. 하지만 미국인들이 가장 관심이 많고 가보고 싶고 친구나 애인을 구하고 싶은 지역이 유럽이다. 미국인들한테도 인기 1위다. 가는 곳마다 중세시대의 성들이 웅장하게 버티고 있고, 스페인 바르셀로나와 영국의 맨체스터는 축구매니아들의 성지다. 건축이나 성악을 하고 싶은 이들은 로마를 찾고, 패션을 하고 싶으면 밀라노로 가고, 고급요리를 맛보고 배우고 싶으면 파리를 간다. 멋진 설경을 보면서 스키매니아들은 스위스를 찾고 시원한 진짜 맥주와 소시지를 찾아 독일로 가고, 영화에나 나오는 절경을 보려고 북유럽으로 날아간다. 가는 곳 하나하나 그 자체가 역사이고 예술이고 감동이다. 요즘 들어 무슬림 난민이 많아지고 여기에 테러단체가 개입하면서 유럽 주요도시들은 테러와의 전쟁으로 몸살이다. 폭탄이 터지고 트럭이 돌진하고 소총을 난사한다. 시민들은 극우적이고 민족주의적 성향이 강해지고 있고 반이민 성향도 늘어났다. 그래도 유럽은 유럽이다.

요즘 한국의 젊은이들은 유럽이 건축, 미술, 요리, 자연, 스포츠 외에도 유럽식 삶의 기준을 갖고 싶어 이민을 많이 간다. 얼마 전 방송을 보니 한 청년이 북유럽을 갔다. 거기서 어느 회사에 취직을 했고 성공하고자 한국에서처럼 밤낮으로 주말에도 열심히 일을 했다. 그렇게 1주일이 지나자 회사 인사부에서 연락이 왔다는 것이다. 경고장을 주기 위해서 말이다. 퇴근 이후의 삶과 휴가는 직원들의 안정과 행복을 위해 필수이고 이것들이 충족이 되어야 회사도 발전하는데 일벌레인 그 친구는 에너지를 곧 소멸하고 말 것이라는 뜻이다. 회사 차원에서도 손해라는 점이다. 이것이 유럽인들의 사고방식이다. 그 전부터 유럽이나 미국은 야근문화가 거의 없다고 들어봤으나 이런 생각의 차이를 실제 사례로 본 것은 처음이었다. 한국 청년들은 30대 중반이 되면 90% 이상이 퇴직을 생각한다고 한다. 퇴근이 없고, 조직 구조는 경직되어 소통이 안 되며 주말도 보장 없고 그렇게 10년간 일을 해도 회사의 미래가 없으니 불안하기만 한 것이다. 그러는 동안 자기 자신의 정신과 육체는 고갈되어버려 후배들에게 자리를 내주는 것이다. 유럽에서는 출퇴근도 자유롭고 인건비도 높으며 일과 이후의 삶도 너무 여유롭다. 이런 삶을 찾아 지금도 상당한 청년들이 이민을 준비하고 있다. 매력 있는 유럽이다.

전 세계인을 울리고 홀리는 한류

도봉산, 명동, 한옥마을, 방탄소년단. 싸이, 드라마, 영화 등 미국이나 유럽 못지않게 한국의 이미지도 상당히 개선되었다. 사실 수 천 년 간 우리는 문화수입국이었다. 중국에 정기적으로 사신을 보내 불교, 유교를 비롯해 각종 문구류, 도자기, 목화, 비단, 문구류, 제도를 받아들였고 간접적으로도 중국을 거쳐 오는 아랍상인들도 흘러들어왔다. 최근까지도 글로벌리즘의 확산으로 미국 헐리우드 영화, 리바이스 청바지, 맥도날드 햄버거, 피자헛, 스타벅스 커피가 1등을 달리고 있다. 애니메이션, 전자제품, X-JAPAN, 옷차림과 염색문화, 자기계발서적과 문학서적 등이 일본으로부터 건너와 한국을 장악했었다. 그러나 90년대 말부터 이런 상황이 바뀌기 시작했다. 중국과 동남아 지역, 일본에서 한국 드라마가 유행하기 시작한 것이다. 이때부터 한류라는 단어가 생겨났고 한류스타들은 동아시아 일대에서 할리우드 스타 못지않은 대접을 받았다. 심지어 중동에서도 정규방송에 한국드라마가 하루 종일 나올 정도였다. 드라마에서 시작된 한류는 문화의 전 분야로 확산되기 시작했다. 소녀시대, 카라, 동방신기, 슈퍼주니어, 빅뱅과 같은 가수들은 동아시아를 넘어서 영역을 확장했고 그 절정은 싸이의 강남스타일에서 볼 수 있었다. 뉴욕의 번화가 한 가운데서 싸이가 공연을 하고 각종 시상식에서 모습을 드러냈다. 유럽과 중남미에서도 한국 대중가요를 거리에서 틀어놓고 동아리 학생들이 모여 단체로 춤을 춘다. 지금은 싸이를 넘어서 방탄소년단이 전 세계를 휩쓸고 있다. 이병헌, 송강호, 최민식, 배두나 같은 영화배우들은 이제 국제적인 스타가 되었다. 세계 유명감독들은 한국 배우들과 같이 작업을 하고 싶어 한다.

한국에 대한 이미지가 좋아지는 것에는 다양한 이유가 있다. 가장 중요한 점은 경제수준이 올랐다는 것이다. 경제사정이 좋아야 문화에 눈을 돌리고 문화에 자본이 들어가니 각종 기획사는 연습생들에 투자를 하며 우수한 연예인들이 배출되는 것이다. 마치 유럽의 축구 유소년클럽처럼 말이다. 또 다른 점은 한국이라는 나라의 역사다. 한국은 주변 국가를 침략하여 몰살시키거나 마루타부대, 위안부, 혹은 남경학살 같은 처참한 비극을 만들지 않았다. 오히려 수천 년 침략을 당해오며 이를 극복하고 지금은 세계에서 손꼽히는 경제발전을 이루어낸 데다가 원조까지 하고 있으니 말이다. 사무라이정신에 기반을 둔 근대개혁을 한 일본이 보여준 폭력성도 없고, 자본과 우수한 무기를 통해 외국을 손봐주거나 압박을 하지도 않는다. 게다가 한국의 치안은 너무 우수해서 세계 1위를 다툰다. 뉴욕에서 이탈리아 마피아, 러시아 마피아, 일본 야쿠자, 중국 삼합회가 활동을 하더라도 한국 갱단이 유명세를 떨친 적이 있던가? 한국 내도 마찬가지다. 90년대 초반 범죄와의 전쟁을 통해 폭력조직이 소멸위기까지 몰렸고 지금도 힘을 못 쓴다. 총기소지도 불법이기에 한국의 치안상태는 매우 훌륭한 편이다. 사람들은 외국인에 친절하고 한국인 대다수가 고학력자이다 보니 교양도 풍부하다. 이렇다보니 길거리를 걷다보면 한국을 찾는 외국인이 과거에 비해 정말 많아졌다. 경복궁에 가면 전 세계에서 관광을 오고 도봉산과 북한산을 올라가면 예전에는 중년층만 보였는데 유럽 청년들이 단체로 등산을 하러온다. 신기한 일이다. 명동은 주로 동남아시아 청년들이 물건을 사러온다. 서울뿐만 아니라 제주도, 동해안, 심지어 강원도까지 테마여행을 하러오는 외국인이 많다. 이제 한국도 문화강국이라고 할 수 있지 않을까? 처음으로 문화수입국에서 수출국으로 바뀌고 있다.

중국으로 이민 한 번 가볼까?

지금 중국의 이미지는 어떨까? 확실히 서구에 비하면 선호도가 매우 낮다. 아직까지는 말이다. 물론 여러 가지 이유가 있다. 그 중에서도 가장 비교되고 한국과 관련되는 것이 환경오염의 문제다. 극단적인 사례가 대

기오염인데 중국의 미
세먼지는 이미 유명하
다. 최근 한국에서도
미세먼지 예보시 80이
넘어가면 위험에 해당
되고 야외활동을 자제
하라고 경고한다. 중

북경 미세먼지 (출처 : 네이버)

국은 보통 200이 넘고 800 이 넘는 때도 있다. 이런 초미세먼지가 몸에
여과 과정 없이 그대로 쌓이면 사라지지 않는다. 이로 인해 조기 사망하
는 인구가 연 200만 명에 가까운 것이 중국이다. 뿌연 연기에 둘러싸인
북경의 이미지에 우리는 이미 익숙하다. 오죽하면 북경 올림픽 당시와 중
국의 주요 당 대회와 같은 행사시에는 인공강우를 통해 맑은 하늘을 잠시
나마 보여줄까? 일상 속에 살
아가는 시민들은 기본적으로
마스크를 쓰거나 심지어 산소
캔을 달고 다닌다. 중국의 이
미지는 오염에서 그치지 않는
다. 문화 분야에서도 전반적으
로 매력을 끌지 못하고 있다.
드라마는 항상 사극이 상당한

소림축구 (출처 : 스포츠서울21)

비중을 차지하고 영화도 무협영화 위주다. 예능프로그램도 한국을 비롯한 외국의 컨텐츠를 모방하여 제작하는 수준이다. 무한도전이나 비정상회담, 또는 복면가왕을 그대로 따라하고 있다. 교육 분야 또한 중국에 진출하고자 하는 청년들이 전 세계에서 몰려들고 있지만 전문지식을 위해 공부하는 이들은 미국으로 향한다. 심지어 중국 청년들도 미국으로 건너가려고 몰려든다. 자녀교육을 생각하는 사람들도 중국의 국제학교가 한국보다 못하다는 사실을 알고 있다. 학비는 한국보다 비싼데 강사진의 전문성이 의심스럽거나 자주 교체되어 국제학교라는 이름값을 못한다. 스포츠에 있어서도 아직까지 중국의 축구, 농구, 야구, 골프 방송을 보는 사람은 주변에서 본 적이 없다. 가끔 중국 소림축구라고 폭력을 휘두르는 축구선수를 보여주는 게시판은 많다. 그러나 유럽의 프리메라리가, 프리미어리그, 미국의 메이저리그처럼 매력에 끌려 시청하는 사람은 없다. 당나라, 송나라, 명나라, 청나라 시절과 같은 매력을 되찾으려면 갈 길이 먼 걸까?

02 | 중국 축구는 공한증이 있다? 옛날 옛적에!

중국은 15억 인구가 있는데 왜 스포츠가 약할까? 민족적 특성이 원래 스
포츠에 약한 걸까? 5천만의 한국에게도 축구에서 매번 지는 게 중국이다.
한국은 경쟁상대를 일본이라 생각하지 중국이라고 여긴 적이 없다. 그저
탁구나 배드민턴 정도에서 상당히 강한 것이 중국이었다. 그러나 막대한
자본의 힘은 무섭다. 자본은 중국 스포츠 각 분야에 넘쳐나는 영양분을
제공하고 있고 이를 섭취하고 자라나는 세대들은 벌써 그 능력을 드러내
기 시작했다.

시진핑의 극진한 축구사랑, 축구굴기!!!

최근 중국과 그 주변에는 시진핑을 시황제라고 부른다. 임기 2회와 연령 제한을 넘어 장기집권을 노리는 시진핑, 그는 이미 후계구도를 전면 수정 하고 자신의 인물들을 각 성과 행정부에 초고속승진을 시켜가며 심어놓 았다. 결론은 앞으로 10년간 더 시진핑의 시대라는 것이다. 물론 은퇴 후 에도 막후 영향력을 살릴 것이 분명하기에 우리는 2030년까지 각종 언론 에서 시진핑을 만날 수 있을 것이다. 초강대국으로 달려가는 중국의 강력 한 지도자가 축구를 사랑하면 중국 축구계는 어떻게 바뀔까? 세계 축구계 는 상관있을까?

시진핑의 축구사랑 (출처 : 나우뉴스)

시진핑 주석은 축구마니아로 유 명하다. 2015년에 시진핑은 영 국 유명 축구클럽 맨시티를 방문 하였고 구단 소유주인 아랍에미 리트 만수르 왕자와 영국 총리 캐 머런을 만나 구단 선수들과 사진 을 찍기도 하였다. '치우미(球迷)' 는 중국어로 광적인 축구팬을 말 한다. 시진핑이 그렇다. 시주석

의 꿈도 중국 축구팀이 월드컵에
서 우승하는 것이다. 지금 한국
의 30대 이상이 들으면 콧방귀를
뀔지도 모른다. 2012년 한중수교
기념식에서 부주석이던 시진핑은
만찬 도중에 중국 축구가 공한증

시진핑의 축구사랑 (출처 : 바이두)

이 있는 것 같고 한국은 어찌 그리 축구를 잘 하는가하고 물을 정도였다.
그 해 총서기에 오른 그는 곧 축구굴기를 선언하기도 하였다. 축구인구
를 5천만으로 늘리고 이후 아시아 최고, 그 후 세계 최고가 되겠다고 말
이다. 그러나 다음해 2013년, 중국은 태국에게 5대 1로 패배한다. 시진핑
이 직접 축구발전 계획을 수립하라고 지시하였다. 이후 중국의 축구산업
은 가히 고속성장을 하고 있다. 그러니 중국의 월드컵우승은 가능한 얘기
일까? 그러나 우리는 이 점을 생각해야 한다. 중국이니까 가능할 것이라
고 말이다. 더군다나 중국 1인자가 광적으로 원하는 일이니까.

FIFA 랭킹에서 한국보다 앞서는 중국

시진핑의 관심을 받고 있는 중국 축구계. 여기서 지금 어떤 일이 벌어지
고 있을까? 중국의 FIFA 랭킹 순위가 2017년 10월부로 한국을 앞섰다.

여기서 우리는 한 가지 변명을 할 수 있다. 국가대표 감독이 신태용으로 바뀌고 월드컵 예선에서 단 한 번의 승리도 시원한 골도 넣지 못한 우리의 성적으로 인해 순위가 내려간 것이지 중국이 잘 해서 올라간 것이 아니라고 말이다. 뭐, 그럴싸한 변명이다. 이는 언젠가 다시 원래대로 우리가 중국보다 훨씬 우위에 설 것이고 일본도 발아래 둘 것이라는 자신감의 표현일 것이다. 2002년의 추억이 아직도 현실인 것으로 착각하는 것은 아닐까? 문제는 축구계의 구조적 문제다. 유럽의 축구가 왜 아직도 건재한가? 단지 세계의 갑부들이 구단을 구입하고 유명선수들을 영입하기 때문일까? 사실은 튼튼한 유소년 축구인재의 풀에 있다. 한국은 이미 어떤 현실인지 잘 알고 있으니 생략하자. 30대인 박지성도 어린 시절 감독과 선배들의 구타가 싫었고 손흥민의 아버지는 아예 별도로 훈련시킬 정도니 말이다. 중국은 어떨까? 유소년 축구시스템을 보면 중국 축구의 미래가 보이지 않을까?

대표적인 예가 중국 광저우 헝다이다. 2015년 광둥성 칭위안시에 무려

광저우 헝다 축구학교 (출처 : CNN)

20만평이나 되는 축구학교를 설립하였고 이는 3천 명이 넘는 유소년 선수들이 동시에 플레이할 수 있는 규모다. 천연잔디로 된 그라운드만 50개를 지니고 있다. 농

구장, 테니스장, 수영장, 영화관, 도서관, 식당도 있다. 당연히 세계 최대 규모의 축구학교다. 아직 놀라기는 이르다. 규모뿐만 아니라 레알 마드리드와 협약을 맺어 매년 스페인에서 100여명의 코치들이 수천 명의 어린 선수들을 직접 지도한다. 이런 유소년 축구의 하드웨어와 소프트웨어는 장기적 목표를 위해 달려가고 있다. 당장 현재 중국 축구리그는 어떤 모습일까? 아직도 소림축구나 하고 태국에 5대 1로 지는 모습일까? 예를 들어 중국 리그의 이적료는 영국 프리미어리그보다 많은 수준이다. 이 자본금을 통해 그 유명한 디디에 드로그바, 니콜라스 아넬카 등의 월드클래스 선수들이 발을 들여놨고 감독들 수준도 루이스 스콜라리, 스벤 에릭손 등이 존재한다. 왜 이런 유명선수와 감독들이 중국 리그 따위에 가냐고 질문한다면 답은 고액연봉이다. 유럽보다 5배를 준다는데 마다할 수 있을까? 마치 한국 조종사들이 연봉 3배 이상을 주는 중국 항공사로 떠나버리는 것과 유사하다. 중국 리그네 7개 구단은 매 이적시장마다 1,000억 원 이상을 사용한다. 중국 리그 전체의 이적시장 규모가 독일, 스페인, 이탈리아와는 비교도 되지 않고 영국도 따돌렸다. 최근에도 첼시의 하미레스를 430억에, 브라질이 헐크를 700억에 영입한 바 있다. 안그래도 인구 적고 유소년 축구 지원도 약하고 리그 수준도 낮은 한국인데 앞으로 중국 팀과 만나면 공한증이 아닌 공중증이 걸리지는 않을까 걱정된다. 아시아 축구 최강의 자리를 중국과 일본이 겨루는 미래가 올까 걱정된다.

중국판 타이거우즈를 기대하는 중국 골프

하이난 섬 골프장 (출처 : 네이버)

흔히들 골프하면 미국을 떠올린다. 한국에서 골프 좀 친다고 하면 사회적으로 어느 정도의 지위를 가진 사람이라고 여긴다. 그런저런 이유로 한국에서는 지금도 골프붐이 상당하다. 그러나 선진국 국민들은 골프를 여전히 즐기고 있을까? 미국의 경우를 보자. 2016년 미국 골프인구는 지속적으로 하락하여 2,000만 명. 3억이 넘는 인구의 미국에서 18명 중 한 명만 골프를 치는 셈이다. 이미 미국 내에 수많은 골프장들이 수익성 악화로 퇴출되었고 신규 골프장 건설은 거의 없다. 특히 미국 젊은 층은 골프에 손을 대지 않는다. 노인의 이미지이기 때문이다. 실제로 서구인들은 아웃도어 스포츠를 즐기고 있다. 암벽등반, 트레킹, 등산, 해양스포츠, 웨이트트레이닝, 마라톤, 트라이애슬론과 같이 자연을 벗 삼아 하는 활동적인 운동을 주로 한다. 그런 이유에서 골프용품도 장사가 되질 않아 나이키와 아디다스는 시장에서 철수해버렸으며 미국 골프선수층이 급격히 줄어들고 있다. 사실 일본은 더 심각하다. 골프인구는 전성기에 비해 수 십 퍼센트 줄어들었고 그나마 남아있는 골프인구는 급격한 노령화단계에 있다. 만여 개의 골프장들이 망하거나 팔렸고 골프선 수층도 얇다. 선진국에서 골프는 한 물 간지 오래다. 결국 선진국에서 비 인기화된 골프는 다른 나라의 선수들이 우수한 성적을 가져가고 있다.

중국은 급격한 경제성장으로 이제야 골프의 재미를 느끼는 시작단계다. 그러나 중국의 특성을 잘 알듯이 이 산업도 빠르게 성장하였다. 부자들 과 관료들이 골프인구로 편입되면서 전국에 골프장이 건설되었고 각 지 방에서는 체육공원이나 생태원 명목으로 불법허가를 받아 골프장을 짓기 도 하였다. 10년 전 200개도 되지 않던 골프장은 2014년 기준으로 1,400 개 이상으로 증가하였다. 그러나 중국 지도부의 반부패활동으로 인해 골 프장들이 상당수 폐쇄되었다. 골프인구도 백만 명을 넘어가다가 40만 명 수준으로 줄어들었다. 통제가 있다하더라도 중국 골프수준은 향상될 것 이다. 그 예가 2017년 10월에 PGA 선수를 배출해낸 것이다. 허난성 출신 의 두저청은 180cm의 날렵한 체형을 가진 18살의 청년이다. 두저청 외에 도 장신준, 리하오퉁, 우아슌, 관텐랑, 진청 등 각종 대회에서 두각을 나 타내는 중국 주니어와 시니어 골프선수들이 속속 등장하고 있다. 중국인 들의 골프에 대한 초기단계의 욕구, 동양인 체형에도 적합한 가벼운 운동 이라는 점에서 조만간 중국인들이 미국, 일본, 한국의 선수들을 제치고 1 위를 싹쓸이 할 듯하다.

스포츠 No.1 강국을 꿈꾸는 중국

2016 중국 마라톤대회

경제 분야에서 이미 G2로서의 지위를 차지했고, 각종 지표에서 서서히 No.1의 차트를 차지하고 있는 중국. 이제는 스포츠에 있어서도 1등의 자리를 노리고 있다.

신체적으로 불리함에도 불구하고 올림픽 종목에서는 이미 미국과 1, 2등을 다투고 있고, 그 성장세는 폭발적이다. 베이징 올림픽 이후 2022년에 베이징에서 다시 한 번 동계올림픽을 개최한다. 중국의 스포츠 산업이 현재는 어디까지 왔을까? 돈으로만 놓고 보자면 2014년 230조원 규모의 스포츠 관련 시장이었다. 이는 단지 중국 전체 GDP의 1%도 되지 않는 규모이다. 여기에 기업들이 투자를 하고 있는데 알리바바는 100개 도시에 경기장 건설을, 완다그룹은 세계 트라이애슬론사 지분 100%를 매입하였고, UFC인수를 시도하였으며 월드컵 중계권을 구매하였다. 완다는 중국 축구 대회인 차이나컵도 주최할 예정이다. 인터넷기업 텐센트는 NBA 중국 독점중계권을 확보하였고 투자회사 푸싱은 영국 축구 원더러스를 인수하였다. 유통업체인 쑤닝은 이탈리아 인터밀란 지분 70%를 인수하였고 투자회사 차이나 미디어 캐피탈은 영국 맨체스터시티 지분 13%를 매입하였다. 중국기업들은 국내 소비자의 스포츠에 대한 관심이 증가함에 따라 국내와 해외의 관련 스포츠산업에 적극 뛰어들고 있는 형세다. 기업들이 투자하는 주요리그 관련 산업 외에 삶의 수준 향상에 따른 생활체육인구도 급속히 늘고 있다. 예를 들어, 마라톤의 경우 지금 한국처럼 하나의 유행이 되고 있다. 중국내 마라톤 대회만 130개가 넘고 참가자수는 무려 150만 명. 아직 시작에 불과한 단계임에도 말이다. 이런 마라톤 인구가 관련 용품을 적극 구매하면서 마라톤 용품시장이 급성장 중에 있다. 보고 즐기는 것뿐만 아니라 경제수준이 향상되면서 자기 자신이 즐기는 스포츠도 확대되고 있다는 점이다. 전 방위적인 스포츠산업 발전에 따라 관련 산업의 규모도 확장세에 있다. 스포츠 의류, 스포츠 기기, 스포츠 음료 등등 다양한데 그 중에서도 스포츠 음료시장을 보면 게토레이와 같은 해외 음료와 마이동과 같은 자국브랜드가 시장점유율을 높여가고 있다.

태릉선수촌이 충청도로 이전되어 새로운 시대를 맞이한 한국 스포츠. 그러나 스포츠 인구와 자본의 한계로 인해 중국과 비교조차 할 수 없는 상황이다. 오히려 중국의 하드웨어와 소프트웨어를 활용하여 거대한 자본 투자없이 성장할 기회로 삼아야 하지 않을까 생각한다.

03 | 세계에 중국을 심는다.

중국 방송망의 글로벌 확산

전 세계인들이 세상을 인식하는 과정은 매우 중요하다. 어느 국가를 테러국가로 몰수도 있고 어떤 국가는 선하고 착한 국가로 이미지를 조작할 수 있기 때문이다. 그런 과정에서 자본을 많이 확보하여 글로벌 방송망을 지니는 국가는 그런 일들을 손쉽게 할 수 있다. 방송, 영화, 신문, 드라마 등에 자신들의 사상을 직간접적으로 주입하면 수많은 연설을 하는 것보다 훨씬 효과적인 것이다. 주류언론으로서의 영향력 확보를 위해 방송국들은 다른 부류의 언론과 싸우기도 한다. 우리나라도 조선일보와 JTBC의 보도성향이 매우 다르고, 미국의 경우에도 CNN과 FOX가 다른 성향을 띄고 있다. 일단 주류언론만 되

CCTV 본부 건물 (출처 : CCTV)

면 그 나라와 주변국가에 대한 영향력은 굉장하다. 영화, 드라마 또한 마찬가지다. 예를 들어 일반사람들은 유태인에 대해 2차 대전시 홀로코스트로 인해 억울한 피해를 입어온 불쌍한 민족으로 동정심과 연민을 품는다. 이런 인식을 품게되는 이유는 스티브 스필버그의 지속적인 관련 영화제작을 비롯해 피해자의 입장을 보여주는 방송이 지속적으로 주입되기 때문이다. 반면 이스라엘 군이 반복적으로 팔레스타인 어린이를 몽둥이로 패고 살려달라고 애원하는 아이들을 사살하는 장면들은 주언론에서는 볼 수 없다. 결국 대다수의 글로벌 인구들은 팔레스타인은 테러단체이고 이스라엘이 피해국가라는 편견을 갖게 되는 것이다.

또 다른 피해자가 바로 중국이다. 언제나 글로벌방송에서 환경오염, 인터넷 통제와 검열, 비민주적 정치제도, 종교인 탄압, 환율조작 및 불공정무역 등 상당히 편파적인 보도를 통해 거의 깡패국가 수준으로 비추고 있다. 실제로는 그렇지 않은데 말이다. 중국인들 내부적으로 현 지도체제 덕에 소강사회가 이뤄지고 중산층들이 확대되며 국력이 급격하게 성장하니 매우 긍정적이고 활기차다. 외부적으로도 자원이 많아 착취만 당하던 국가들에게 보다 더 유리한 조건으로 자금지원과 기술원조를 제공하니 중국을 우호적으로 바라보는 국가가 많아지고 있다. 문제는 이런 사실들을 세계로 송출하는 방송망의 확립, 즉 글로벌 언론에 대한 힘을 가지는 것이 숙제였다. 가장 대표적인 활동이 바로 CCTV(China Central Television) 이다. CCTV는 CCTV1(종합), CCTV2(경제), CCTV3(문예), CCTV4(중문국제), CCTV5(체육), CCTV5+(경기중계), CCTV6(영화), CCTV7(군사와 농업), CCTV8(드라마), CCTV9(다큐), CCTV10(과학과 교육), CCTV11(희곡), CCTV12(사회와 법), CCTV13(뉴스), CCTV14(아

CCTV Africa (출처 : CCTV)

동), CCTV15(음악)을 포함하여 유료채널과 무료채널 등 총 44개의 방송망을 갖추게 되었다. 특히 주목할 만한 것은 CNN을 포함한 매체들의 수익성감소로

인해 해외특파원을 줄이고 있는데 CCTV는 세계 최대의 특파원을 보유하고 있다. 대규모의 특파원들은 영어, 프랑스어, 스페인어, 아랍어, 러시아어 등 10개가 넘는 해외채널을 방송하며 전 세계에 영향력을 확대하고 있는 중이다. 우리는 지금도 인터넷 홈페이지나 유튜브를 통해 실시간으로 이 방송들을 시청할 수 있다. 친중 여론의 확대를 위한 포석이 갖춰진 것이다.

공자학원과 중국어 · 중국문화의 확산

중국인을 제외한 세계인들 중에서 중국어를 구사할 수 있는 사람은 드물었다. 그러나 세계인들 중 영어를 구사할 수 있는 사람은 상당하였고 특히 그들은 그들 사회의 엘리트그룹에 속하는 사람들이다. 각 사회의 엘리트들은 영어로 된 뉴스와 기사를 읽고 이런 매체들에 담긴 렌즈를 통해 세상을 바라보고 있다. 즉, 전 세계의 상위층들에게 글로벌적인 사고방식

독일 공자학원(출처 : CHINANEWS.COM)

을 만들어 온 것은 영어권 언론들이었던 것이다. 이 언론들에게 중국의
세상을 향한 메시지는 담겨있지 않을뿐더러 대다수가 편향적이거나 왜곡
되어왔다는 것이 중국인들의 호소다. 결국 중국의 해답은 중국어 사용인
구의 확대와 중국문화의 전파였다. 이를 위해 중국 교육부에서는 공자학
원을 전 세계에 설립하기 시작하였다. 많은 한국인들이 모르는 사실이 세
계 최초의 공자학원 1호가 서울 강남구 역삼동에 있다는 점이다. 지금은
한국 내에 22개가 있지만 말이다.

서울의 공자학원 1호를 시작으로 현재 전 세계 134개국에 500개의 공자
학원이 설립되어 있다. 지역별로는 한국과 일본을 포함한 아시아 지역에
110개, 아프리카에 46개, 유럽에 169개, 아메리카에 157개, 오세아니아
에 18개가 운영 중에 있다. 지금도 전 세계 대학들이 공자학원을 설립해
달라고 공자학원 본부장에게 요청하고 있다. 이들 공자학원에는 북경대
와 칭화대를 졸업한 우수한 강사들이 중국 교육부 파견강사로 활동하며
HSK, 회화, 통번역시험, 어린이 강좌 등 중국어교육뿐만 아니라 중국악
기 · 영화 · 인문학 · 문화강좌와 같이 중국을 이해할 수 있는 다양한 프로
그램들은 운용하고 있다.

십 년이 넘는 시간동안의 노력덕분에, 14억 인구만이 구사할 수 있던 중
국어를 전 세계의 수백만 학생들이 지금도 배우고 있다. 중국어 학습열기

가 상승하고 유럽 국가들은 정규교과목에 중국어를 포함하는 중이다. 중국어와 중국문화가 세계로 진출하는데 선봉장의 역할을 한 것이다. 그러나 이런 의도적인 노력이 오해를 불러일으키기도 하였다. 아메리카 대륙의 대학들은 이 공자학원이 중국 정부의 이데올로기를 주입한다는 편견으로 인해 폐지하거나 취소하기도 하였다. 하지만 자국의 언어와 문화를 타국에 이해시켜 교류를 늘이려는 노력은 당연한 것이다. 예를 들어 영국은 전 세계에 223개의 문화원을, 독일은 괴테 인스티튜트 142개를, 프랑스는 무려 1,000개의 알리앙스 프랑세스를 운영 중이다. 중국 공자학원에서 중국 문화를 가르치지 않고 영국 문화를 가르치는 게 더 이상한 것이 아닌가?

전 세계 청년들, 성공을 위해 중국을 선택하다

외국에서의 경험을 쌓고 싶고 선진기술과 학문을 배우고 싶을 때 우리는 유학을 간다. 도피유학도 있긴 하지만 말이다. 우

중국내 외국인 유학생 (출처 : China daily)

리도 오래전 불교와 성리학을 배우고자 중국으로 유학을 간 역사가 있다. 현대에는 주로 서구를 중심으로 유학생들이 몰렸다. 아이비리그를 대표로 하는 미국의 경우 공학, 인문, 경제, 경영, IT를 배우러 MIT, 하버드, 스탠퍼드, UCLA, UC버클리, 다트머스로 전 세계의 인재들이 몰렸었다. 유럽의 런던 정경대, 일본 동경대, 와세다대학도 유명했었다. 일단 이 대학들을 졸업하면 현지에서 취업을 하거나 귀국해서 좋은 직장을 구할 수 있었다. 사회적으로 인정받는 방법이었던 것이다. 그러나 이런 추세는 변하고 있다. 심지어 한국에서도 유학생들에 대한 특혜는 사라진지 오래다. 오히려 국내파만을 선발하는 기업도 있다. 외국에서 공부한다고 특별할 게 없기 때문이다. 졸업해도 인턴자리조차 찾기 어렵고 취업비자 신청도 어렵다. 그런데 유학의 방향이 글로벌적으로 바뀌고 있다. 중국으로 말이다.

2016년에 중국 내에서 공부하는 외국인 유학생의 수가 44만 명. 미국의 경우 백만 명의 유학생이 공부중이다. 중국내 유학생이 미국의 절반 정도다. 가장 폭발적인 증가세를 보이는 것은 아프리카 출신 대학생들이다. 2000년대 초반 2000명도 되지 않았으나 2015년에는 5만 명을 넘어섰다. 미국과 영국을 넘어선 숫자다. 중국에서는 3만 명 이상의 아프리카 유학생에게 장학금을 주면서 친중인사를 키우려 하고 있기 때문이다. 학생들 또한 중국에서 배우면 사업기회를 더 많이 잡을 수 있어서 좋아한다. 동남아시아 대학생들도 중국으로 가고 있다. 시진핑이 추진하는 일대일로 사업과 관련있는 국가들의 학생들부터 중국의 고속성장을 배우려는 학생들로 중국의 각 대학은 붐비고 있다. 게다가 중국 당국이 아프리카뿐만 아니라 그들이 중요시하는 ASEAN국가의 대학생들에게도 장학금의 혜택을 확대해주고 있기 때문이다. 매년 몇 만 불의 수업료와 생활비로 고생하며 인종차별까지 받다가 취업도 안 되는 국가로 유학을 가느니 가깝고 장학금 혜택받고 취업기회도 많고 확실한 미래가 보장되는 중국을 택하는 것이다. 태국 한 나라만 해도 2만 명이 넘는 유학생을 중국에 보냈다. 이 ASEAN 학생들은 현지에서 자국과 연계되는 대기업에 쉽게 취업한다. 자국보다 훨씬 많은 봉급을 받으면서 살아갈 수 있는 것이다. 중국은 주변 국가들의 우수한 인재를 친중화 시키고자 유학 관련 시험의 난이도를 낮춰주고 장학금은 늘려주며 취업비자의 문턱도 확 낮춰주고 있다.

한국인이 배우기에 가장 유리한 언어, 중국어

세상의 주요언어들 중 가장 많은 인구가 사용하는 언어가 중국어다. 물론 영어가 국제공용어의 역할을 해왔지만 실제 사용인구는 중국에 비해 적고 더군다나 유럽인들에 유리한 언어구조와 어휘로 인해 한국이나 일본은 영어를 배우기 위해 지금도 수많은 부모들이 매달 수십만 원에서 수백만 원을 자녀들에게 투자하고 있다. 기러기아빠라도 되면 거의 모든 수입이 서구로 흘러들어가는 구조가 된다. 초등학교때부터 성인이 된 이후까지 우리가 투자한 시간과 자금을 잘 저축했더라면 지방의 아파트 한 채를 사고도 남는다. 그러나 한국인들에게 다행인 점은 가까운 미래에 그런 노력을 할 필요가 없다는 점이다. 지금 프랑스어, 이탈리아어, 포르투칼어를 배우는 한국인이 얼마나 되나? 불과 수십 년 전만 하더라도 이들 국가의 언어는 우리에게 중요했다. 그러나 단기간에 이들의 국력이 쇠퇴하고 그 언어를 배울 이유가 많이 사라졌다. 영어도 마찬가지다. 한국인이 가장 많이 경제교류, 인적교류, 정치협력, 군사협력, 문화교류를 해나가는 국가가 어디일 것인가를 보면 답은 뻔한 것이다. 왜 아이비리그의 학생들이 중국으로 유학을 가고 아프리카의 학생들도 중국을 택하는지는 그들이 미래를 알기 때문이라고 할 수 있다. 한국인에서도 중국어의 열풍은 상당하다. 정말 다행인 것은 영어보다 중국어가 매우 쉽다는 점이다. 유럽인에게 영어학습이 매우 쉽듯이 한국어와 중국어는 공통점이 너무 많기 때문이다.

고대로부터 동아시아 국가들은 한자를 사용하였는데 일본의 경우 히라가나와 카타카나가 더해졌고 한국은 한글로 바뀌었다. 그러나 한글의 어휘들이 한자에 기원하기 때문에 중국어 학습이 매우 쉬운 것이다. 예를 들어 우리가 사용하는 '국가'라는 단어를 중국에서도 '国家' 그대로 사용한다. 단지 발음상 국가에서 약간 변형되었을 뿐. 이런 경우가 대다수다. 농업(農業), 사용(使用), 발달(发达) 등 우리 한국인은 몇 개의 간체구조와 4성 발음만 제대로 배우면 어휘습득은 단기간에 끝낼 수 있다. 중국어를 집중적으로 배울 경우 한국인은 6개월이면 원어민과 소통이 가능하다. 우리와 수천 년간 동일한 문화권, 경제권, 교류를 해오다보니 언어 속에 담겨있는 미묘한 의미도 쉽게 이해가 가능하다. 오랫동안 한국의 상당한 인적, 경제적 자원이 영어에 투자되었으나 실질적 효과는 미미하였다. 영어 자체가 우리에겐 어렵다보니 원어민 발음 좀 해주면 주변에서는 영어할 줄 안다고 우러러본다. 중국어는 쉽다. 한국인에게 가장 유리한 점이다. 이제 중국 방송과 드라마를 보면서 중국의 메시지를 알아갈 시기가 온 것이다.

04 | 홍콩 액션, 일본 애니메이션, 헐리우드 블록버스터.....다음은?

성룡, 주윤발, 류덕화, 그리고 오타쿠

어느 정도 나이 지긋하신 분들에게 어릴 적 우상이 누구였냐고 하면 이소 룡이라고 하실 분들이 있을지 모르겠다. 이소룡의 무술영화는 당시에 전 세계적인 충격이었고 그를 따라서 무술을 배우던 분들이 정말 많았다고 하니 말이다. 내가 어릴 적 매년 추석이나 설날 즈음에 항상 등장하던 배 우가 있다. 바로 성룡이다. 진지하고 격하던 무술영화에 액션과 코미디를 조화롭게 섞어서 시 간 가는 줄 모르게 했 던 장본인이다. 지금 은 63살의 할아버지 가 되었지만 취권, 용 형호제, 폴리스스토 리, 러시아워, 성룡의

성룡 (출처 : 네이버)

CIA와 같은 영화는 어린이들이 따라하게 만들고 기다리게 만들던 영화들 이었다. 이소룡의 사망 이후 잠시 주춤했던 홍콩영화를 살려놓은 장본인 이다. 그러나 성룡은 재미있고 싸움 잘하는 동네 아저씨 같은 느낌이었는 지 여학생들에게 인기는 별로였다. 그래서 아시아를 주름잡던 홍콩 연예 인은 4대 천왕이라고 불리웠던 유덕화, 장학우, 곽부성, 여명이었다. 어 떻게 비교를 해야 할까? 지금 방탄소년단의 인기 정도라고 하면 이해할지 모르겠다. 방탄소년단 이 최근 빌보드차트에 진입도 하고 대한민국 을 대표하는 아이돌로 성장했으니 충분히 설 명이 될 듯하다. 4대 천왕이 인기 절정이

홍콩 4대 천왕 (출처 : 네이버)

던 때 한국 TV는 홍콩 배우들의 CF로 줄줄이 채워졌다. 극장에는 유덕화의 천장지구, 열혈남아, 지존무상, 장학우의 천녀유혼2, 곽부성의 천장지구2, 낭만폭풍, 여명의 첨밀밀, 무간도와 같은 영화들이 헐리우드 영화를 제치고 인기를 독차지했었다. 홍콩 야경이 빛이 바래면서 일본 문화가 한국에 많이 유입되었다. 역사적 배경과 저질이라는 이유때문에 일본 문화는 개방이 늦었다. 그러나 한 번 개방이 되기 시작하자 영화, 드라마, 음악, 만화, 서적 등 일본 문화는 물밀 듯이 밀려왔다. 홍콩 액션영화를 보던 친구들이 하나 둘 씩 손에 슬램덩크, 드래곤볼과 같은 만화책을 들고 다니고 극장에서는 바람계곡의 나우시카, 토토로가 방영되고 X-JAPAN의 음악이 거리를 차지했었다. 물론 지금은 한국의 문화수준이 향상되어 오히려 한국 음악과 드라마가 그 영역을 차지하고 있고 오타쿠들은 비아냥과 놀림의 대상이 되었지만 한때 이들은 유행을 선도하던 문화 주류였다. 단지 이런 홍콩과 일본 문화의 유행은 한 때 였다는 것이 특징이다.

터미네이터, 에일리언, 스타워즈, 왕좌의 게임

홍콩, 일본 문화와는 다르게 미국의 엔터테인먼트 산업은 오랜 시간동안 전 세계의 극장, TV, 라디오와 길거리를 점령했고 이는 한국에서도 마찬가지였다. 가장 대표적인 것이 미국 영화라는 것은 부정할 수 없는 사실

이다. 미국 영화하면
화려한 액션을 동반하
는 초대형 블록버스
터들이라고 할 수 있
지만 사실 장르를 불
문하고 전 세계의 극
장가를 지금도 휩쓸고

터미네이터

있다. '시애틀의 잠 못 이루는 밤'과 같은 영화가 뜨면 사람들은 시애틀을
방문해서 스타벅스 1호점도 둘러보고 전망대도 들러본다. '구름 속의 산
책'이나 '행복을 찾아서'를 보면 샌프란시스코를 여행하며 금문교를 지나
고 2층 버스를 타본다. '귀여운 여인'과 '라라랜드'를 본 사람이면 캘리포
니아를 방문해보고 싶어한다. '나이트메어'의 프레디를 본 날은 밤에 잠을
못자고, '와일드 씽'을 보고도 잠을 못 잔다. '터미네이터' 시리즈를 본 다
음에는 인간의 미래가 로봇에 점령당할까 걱정하게 되고, '람보'와 '탑건'
을 보면서 미국의 강력한 파워를 느끼게 된다. '에일리언'을 보는 날에는
저 우주 어딘가에 있을 두려운 외계인이 생각나고 '스타워즈'를 보면서는
기발한 상상력에 감탄하게 된다. 이런 서정, 액션, SF같은 장르 외에 범
죄, 역사, 코미디와 같은 분야에서도 너무나 많은 명작들이 존재한다. 이
런 영화들을 보면서 자란 전 세계의 젊은이들은 하나의 문화적 공통점을
갖게 되고 하나의 문화를 소비하게 된다. 그 청년들은 리바이스 청바지를

헐리우드 유명배우 핸드프린팅

입고서 맥도널드로 가서 햄버거를 먹고 난 후 스타벅스에 들려 아메리카노 한 잔을 마시면서 TOEIC 책을 꺼내들어 팝송을 들으며 영어 공부를 하면서 미국 아이비리그 대학으로 유학 갈 부푼 꿈을 꾼다. 공부를 하다보면 테이블에 올려놓은 아이폰에 알람이 오고 페이스북을 열어 메시지를 확인한다. 공부가 끝난 뒤에는 친구를 만나 최근에 나온 어벤져스 시리즈를 보며 미국 영웅들의 파워를 새삼 실감한다. 미국 헐리우드 영화의 영향력이 전 세계 젊은이들에게 유사한 문화적 개성을 지니게 했다.

도대체 헐리우드로 대표되는 미국 영화의 힘은 어디서 나왔던 것일까? 부자들과 유명배우들이 거주하는 고급주택가 비벌리 힐스가 있는 헐리우드에는 메이저급 영화사들이 즐비하다. 파라마운트, 워너브라더스, 20세기 폭스, 콜럼비아 트라이스타 등의 영화사들이 지니고 있는 스튜디오에는 영화 제작에 필요한 모든 것이 갖춰져있다. 촬영기사, 조연배우, 주연배우, 감독, 음향감독, 시나리오 작가들이 헐리우드를 중심으로 하나의 산업클라우드화 되어있다. 물론 자본과 함께 말이다. 이런 하드웨어를 바탕으로 미국 중심의 영웅주의와 미국식 라이프가 포함된 탄탄한 시나리오는

CG가 가미되어 하나의 블록버스터로 탄생된다. 이 영화는 미국 내 4만 여개의 극장과 전 세계 극장에서 거의 동시에 개봉되고 나라별로 수백억 에서 수천억씩의 수익을 올린다. 한 번 뜨면 다시 후속편이 시리즈로 탄 생하고 관련 장난감, 의류는 불티나게 팔려 제2의 수익원으로 창출된다. 그러나 홍콩과 일본과는 다를 것이라 생각했던 헐리우드 영화도 그 힘을 다 한 것일까? 예전과는 다른 징후들이 속속 나타나고 있다.

헐리우드의 쇠락과 찰리우드의 등장

요즘 들어 한국으로 입국하는 헐리 우드 배우들이 매우 많아졌다. 각 방송사에서 나온 리포터들은 방한 한 배우들에게 강남스타일 춤이나 김치 시식을 물어보며 웃음을 자아 낸다. 왜 갑자기 한국을 방문해서 개봉하는 영화를 홍보할까? 한국 의 영화시장이 성장했기 때문이다. 그런데 헐리우드가 더 주목하는 국 가가 바로 중국이다. 왜냐하면 헐

그레이트 월

리우드는 기존 시장을 가지고서는 계속 쇠락중이기 때문이다. 미국의 1인당 영화시청이 감소중이고 중국의 영화시장은 연간 37%이상의 성장을 보이고 있다. 예를 들어 분노의 질주(더 익스트림)의 경우 미국에서는 2천억 원의 수입을 보였는데 중국에서는 4천억 원이 넘는 수입을 달성했다. 그런 이유로 헐리우드 영화들은 중국 시장을 매우 중요시한다. 최근 개봉한 '그레이트 월(만리장성)'의 주연은 맷 데이먼이었고, 또 다른 맷 데이먼 주연의 '마션'에서는 중국 우주선이 화성에 남은 이들을 귀환시켜준다. 중국에 우호적인 메시지를 보여줘야 수입이 늘어난다는 것이다. 이를 어기면 상영도 전에 규제를 받는다. 그 예가 미션임파서블 3편이다. 이 영화에서 상하이를 낙후된 모습으로 그려놔서 개봉이 연기된 바 있다.

도대체 중국 영화시장이 얼마나 컸길래 이렇게

공을 들이는 걸까? 영화관의 수만 비교해보면 미국이 4만개이다. 중국은 2016년에 이를 넘어섰다. 관람객의 수가 그만큼 늘어났다는 것이다. 2015년에 영화시장이 5조원 규모였으나 2016년에 무려 7.5조원으로 상승하였는데 영화 관람객의 누적수가 14억이다. 이런 거대한 시장을 누가 무시하고 영화를 만들 수 있나? 이런 점을 알고 중국은 헐리우드 제작사와 각종 협력을 통해 촬영기법 등을 배워가고 있다. 동시에 중국 저장성

저장성 헝띠엔 세트장

의 헝띠엔 세트장과 같은 1,100만평의 방대한 시설도 마련하였다. 이 세트장에는 자금성이 그대로 재현되어있고 여기서 연기할 단역배우만 4만명에 달한다. 이 배우들이 사용할 춘추전국시대로부터 현대까지의 모든 소품 수십만 개가 창고에 보관되어있다. 영화산업의 하드웨어, 소프트웨어, 관람객, 영화관, 정부의 적극적인 지원과 외국영화에 대한 방어 등이 결합되어 중국 영화는 질적으로 성장세에 있다.

근본적인 이유는 영화가 대내외적인 홍보효과가 탁월하기 때문이다. 중국 정부도 이제 이를 적극 활용하고 있다. 인민해방군이 직접 참

전랑 2

여한 스카이헌터라는 영화에서는 중국의 최신 스텔스기인 J-20 등이 미군 전투기와 공중전을 하는 모습을 볼 수 있다. 즉 중국의 현대화 · 첨단화된 무기들이 미국과 겨룰 수 있다는 자부심을 느끼게 한다. 최근 역대급으로 1위를 달성한 '전랑2'에서는 중국군이 아프리카에서 미국 용병들과 전투하면서 중국인들을 구출해낸다. 여기서 보여주는 메시지는 중국인을 건드리는 자는 반드시 처벌할 것이라는 점이다. 또한 오성홍기를 들자 적들이 사격을 멈추는 것은 중국군대의 강함을 보여주어 자부심을 느끼게 하는 것이다. 이 영화를 1억 명이 보았다. 한국에서는 어쩌다가 천만 명이 넘으면 초대박이라고 하는데.......1억 명이 보았다.

중국 당국의 전략적 지원, 거대한 자본의 형성, 하드웨어 기반 구축, 헐리우드 시스템 도입과 활용, 주요 메이저급 영화사 매입, 초거대 국내 영화 시장의 끝없는 성장, 풍부한 역사적 소재와 현대 중국의 국력 등이 결합되어 서서히 시너지효과를 내기 시작했다. 불과 얼마 전까지 홍콩, 일본, 미국의 영화들이 우리와 세계의 극장가를 점령했듯, 가까운 미래에 중국 영화들이 중국의 매력을 발산하고 전 세계인들이 영화 촬영지를 찾고싶어할 날이 멀지 않은 듯하다.

Chapter

VII

한국, 100년 만의 기회

01 | 형제여, 고통과 분노로 가득한 추억들을 기억하는가

오랑캐들의 침략

만주족 팔기병(출처 : 네이버)

일반적으로 중국의 역사를 논할 때 우리는 '한족'의 역사라고 생각을 한다. 95%에 달하는 한족이 과거 수천 년간 중국 황하문명을 꽃피우며 최근까지 세계 최고의 자리에서 번영을 누렸고 우리 한반도는 여기서 많은 혜택을 보았다고 단순하게 생각한다. 그러나 현실은 전혀 그렇지 못하다.

한족의 조상들은 우리 한민족보다도 못한 삶을 훨씬 더 길게 겪어왔다. 한민족 5천년 역사 속에 이민족이 왕 노릇을 하던 시절은 사실 일제 강점기 36년이다. 북

만주족 팔기병(출처 : 네이버)

방의 여진족, 거란족, 몽골족들의 침략을 받았지만 그들이 우리의 왕이 된 적은 없다. 그러나 중국은 그들이 오랑캐라 부르는 부족들의 지배를 자주 받았다. 그것도 길게 말이다. 약 1천년 전 몽골족이 유럽까지 휩쓸던 시기에 중국은 몽골족이 다스리는 원나라였다. 원나라는 1271년부터 1368년까지 한족을 지배하였다. 다행히 명나라로 접어들며 다시 한족이 주인으로 돌아왔지만 그 시절은 300년을 채 이어지지 못했다. 또 다른 오랑캐인 만주족의 왕 누르하치가 자신의 부족을 먼저 통일하고 후금을 세웠고 당시 명나라가 망해가자 만리장성을 열고 베이징을 차지하면서 청나라가 시작되었다. 1636년부터 시작된 청나라는 1912년 중국의 왕조가 무너지는 순간까지 이어졌다.

몽골족과 만주족에 의한 지배가 없었다고 한반도는 행복했을까? 이미 잘 알고 있는 삼별초의 항몽유적지가 제주에 있는 만큼 몽골족의 침략은 강력했다. 고려시대 용맹한 병사들로 구성된 삼별초가 이미 항복한 고려정

청 2대 황제 홍타이지(출처 : 네이버)

권을 대신하여 끝까지 투쟁했었다. 중국과 한국이 오랑캐에 의해 아픔을 겪은 또 다른 사례가 위에 언급한 만주족에 의한 병자호란이다. 2차례 침략했던 청나라 군대 10만 명은 한성까지 단숨에 공략하고 이에 놀란 인조는 신하들과 남한산성으로 피난했다. 병력과 식량이 절대 열세였던 인조는 결국 삼전도에서 청나라 태종 앞에 무릎 꿇고 세 차례 이마를 땅에 찧었다. 한국인들에게 이 기록은 아픔과 수치로 남아있다. 중국은 이런 만주족에게 300년 가까이 지배당했다. 몽골족, 만주족, 거란족, 말갈족 등 수 천 년에 걸쳐 중국과 한국 땅은 오랑캐의 끊임없는 침략을 견뎌내야 했다.

서양오랑캐들의 침략

북방의 오랑캐들에게 시달리던 시기, 저 멀리 서유럽 땅에서는 증기기관이 발명되고 산업혁명이 일어나고 공업국가들이 자원과 시장과 노예를

찾아 아프리카와 동남
아시아를 약탈하기 시
작했다. 어느덧 제국
주의 국가들의 함선은
중국에도 뻗치기 시작
한다. 그 시작은 영국.
1792년 이미 유럽의

영·프 군대 베이징 점령(출처 : 네이버)

패자로 발돋움한 영국은 조지 매카트니를 대표로 하는 사절단을 보냈고,
이 사절단은 일단 정중하게 청나라 건륭황제를 알현한다. 이미 18세기 초
반에도 3억이 넘는 세계 최대의 인구와 거대도시를 가지고 있던 청나라는
서양에 관심이 없었다. 미개한 서양인들의 물건 따위는 상관없었다. 그러
나 문제는 영국을 비롯한 제국주의 국가들에게 당시 중국은 관심 정도가
아닌 환상속의 국가였다. 당시 청나라는 농업중심의 구조를 벗어나지 못
한 상태로 자신들의 국력을 과대평가하고 있었다. 이런 오판은 결국 전쟁
에서의 패배를 가져오고 이는 불평등조약으로 이어졌다. 조약을 통해 유
럽국가들은 거액의 배상금을 얻어내고 중국내에서 치외법권을 행사하며
마음껏 활보하였고 항구를 강제로 개방하여 무역을 통한 이득을 취하고
자 하였다. 무역이 상당한 적자를 내자 동인도회사를 통해 아편을 대량으
로 중국에 판매하여 중국인들은 남녀노소를 불문하고 마약중독자가 되어
갔고 중국의 막대한 국부는 제국주의 국가들에게 다시 되돌아갔다. 이에

프랑스함대의 강화도 공격(출처 : 뉴스천지)

불만을 품고 저항하자 아편전쟁이 일어나고 다시 불평등조약으로 이어지는 악순환이 발생했다. 마을들은 불살라지고 중국인들의 재산은 몰수되었으며 베이징의 궁전들은 불타버렸다. 청 왕조의 권위는 땅에 떨어지고 각종 군벌들이 난립하기 시작하였으며 국민들은 급격히 늘어나는 세금으로 불만이 쌓여갔다.

조선도 이와 같은 고통을 동일하게 겪었다. 프랑스 선교사들을 탄압했다는 이유로 그들은 강화도를 공격하고 배상금과 통상을 강요하였다. 결국 수많은 재물과 문화재를 약탈한 뒤 프랑스군은 물러가고 이어서 5년 뒤 제너럴셔먼호 사건으로 미국이 강화도를 공격하였다. 일시적 방어에 성공한 조선은 결국 영국, 독일, 프랑스, 러시아, 미국과 각종 불평등조약을 맺고 조선은 혼란 속으로 접어들었다. 중국과 한국은 이번에도 이민족들에 의해 동일하게 아픈 역사를 공유하게 되었다.

난쟁이들의 침략

2017년 한국에서는 독특한 드라마가 상영되었다. KBS와 중국 CCTV가 합작으로 '임진왜란 1592'를 제작한 것이다. 각각 10억 씩 투자하고 최수종이 이순신 역할을 맡았으며 김응수가 도요토미 히데요시 역할을 맡았다. 여기서 알 수 있는 것은 중국과 한국이 공통의 역사관을 공유하고 있다는 사실이다. 앞으로 이 드라마 말고도 일제 침략기를 다룬 영화와 드라마도 합작이 많이 이루어 질 것이다. 알고보면 중국과 한반도는 운명을 같이 한 사례가 참 많은 듯하다. 특히 같은 아시아국가인 일본에 대해서도 서로 치를 떤다. 수천 년간 도자기 좀 달라, 책 좀 달라, 종교 좀 전파해달라며 이것저것 구걸해오던 민족이 조금만 힘이 생기면 겁 없이 달려들었으니 말이다. 본격적인 시작이 도요토미 히데요시. 시장에서 바늘장수나 하던 비천

명 만력제(조선에 대군, 식량, 자금을 지원했다)

한 계급 출신의 도요토미 히데요시. 병사로 시작해 최고 권력자의 자리까지 오르니 모든 것이 가능해 보였던지 한반도를 거쳐 명나라를 정복하겠다는 과대망상을 했다. 결국 1592년 4월 한양에서는 남산의 봉수대에서 외적의 침입을 알리는 다섯줄의 연기가 피어올랐고 17만 명의 육군과 4만 명의 수군으로 이루어진 왜군은 명을 정복하기 위해 한반도를 공략하기 시작한다. 부산에 상륙한 왜군들은 연기가 피어오른지 20여 일 만에 한양을 점령해버렸다. 바다에서는 이순신 장군이, 육지에서는 유생과 승려로 구성된 의병들이 저항했다. 이때 풍전등화의 조선을 구한 것이 명나라다. 종전할 때까지 무려 10만 대군을 조선에 주둔시켜 왜군과 전투하였다. 조선 백성들이 굶주리고 있다는 소식을 들은 명나라 황제 만력제는 곡창지대 산둥성의 쌀 100만 석, 정유재란 때는 은화 500만 냥과 20만 대군, 임진왜란과 정유재란이 끝난 뒤에도 조선 복구를 위해 은화 200만 냥을 추가 지원해주었다. 명나라 군대와 식량과 재정 지원 덕분에 조선은 일본의 점령을 피할 수 있었다.

하지만 약 300년 뒤 일본이 다시 침략했을 때는 조선과 중국 모두 일본의 칼을 피할 수 없었다. 메이지유신 덕분에 서양의 문물을 그대로 모방해서 선진화한 일본. 그들은 자신들이 서양인과 동등하고 다른 아시아인은 열등한 민족이라는 굉장히 우스운 생각을 지니게 된다. 물론 지금도 마찬가지지만 말이다. 이러한 사상과 기술력을 동원하여 조선의 자원과 인력을 착취하고 중국을 난도질했다. 중국인과 조선인들을 잡아다가 마루타로 생체실험하고 그로 인해 의학기술과 제약기술이 발달하여 우리에게서 돈을 받고 판다. 중국과 조선의 광산에서 금과 철광석과 구리를 캐내어 자국산업을 발전시키고 이렇게 대기업이 된 일본기업들은 지금 한국과 중국으로부터 돈을 벌고 있다. 중국 노동자와 조선 노동자가 하루에 주먹밥 하나 먹어가며 일본의 도로와 철도를 깔아주고 지금 그 위를 중국과 한국 관광객들이 다니며 돈을 뿌려주고 있다. 그러나 의식있는 중국인과 한국인은 여전히 존재하고 두 국가가 함께 겪은 피의 역사를 잊지 않고 있다. 우리는 아픔을 함께 나눈 친구라는 사실도 말이다.

아픔을 안고 살아가는 민족들

중국 장쑤성 난징에는 남경대학살기념관이 있다. 난징의 관광코스로서 중국인을 비롯해 관광객들의 대표적 코스에 속한다. 학살당한 중국인들의 유골이 그대로 전시되어있고 침략

731부대 기념관 입구 현판

당한 날에는 사이렌이 울리면서 인민들이 일제히 묵념을 한다. 마음속으로 고통을 씹으면서 말이다. 외국의 대통령들이 방문시 이곳을 방문하기도 한다. '난징!난징!'과 같은 영화도 중국에서 제작되었다. 물론 일본은 이 역사적 사실을 부정하고 있다.

중국 헤이룽장성 하얼빈에는 731부대 기념관이 있다. 전범으로 처벌받지도 않고 생체실험의 지식 덕에 호화롭게 살다간 이시이 시로 중장. 그가 지휘하던 일본 관동군의 생체시험장이 있던 하얼빈 남쪽 지역. 박물관 안에는 당시 실험도구와 약병, 사진, 생체실험 재현실, 자료들, 동상들, 기록영상들이 가득하다. 물론 일본은 이 사실도 부정하고 있다.

냄비근성이라고 스스로를 자책하는 한국인들. 우리는 중국인들과는 다르게 과거의 역사를 잊어버린 것일까? 다행히도 그렇지 않다. 2017년 미국 트럼프 대통령이 한국 방문시 위안부 할머니가 그 자리에 있었다. 우리는 잊지 않고 있으니 미국도 기억해 달라는 뜻이다. 미국이 일본을 대할 때 말이다. 최근에는 영화도 흥행하고 있다.

일본의 속임수로 인해 군함도로 끌려간 조선인들은 매일 고통스런 노동 속에서 살아간다. 게다가 만행을 은폐하기 위해 조선인들을 생채로 매장시키려한다. 이 영화를 본 한국인들은 다시 한 번 일본이라는 민족을 생각하게 되고 가슴 속의 한을 곱씹는다. 앞에서도 얘기했지만, 중국인들은

한국인들의 고통을 알
고 있고 아픔을 함께 해
준다. 특히 중국 CCTV
에서도 군함도가 항일
대작이라고 극찬을 하
면서 줄거리, 출연진,
관객반응, 논평 등을 매

군함도

우 세부적으로 다루었다. 이어서 전후 처리에 대한 독일과 일본의 태도를
비교하면서 과거사에 대해 반성없는 일본의 태도를 비판했다. 중국과 한
국은 일본 침략기라는 역사적 공통분모를 갖고 있기 때문에 사드의 갈등
속에서도 군함도라는 한국 영화를 10분씩이나 소개하는 이례적인 일을
한 것이다.

02 | 절단된 몸,
너에게 맡겨도 되는가

북한의 핵탄두를 없애달라

글을 쓰고 있는 현재 2017년 12월, 북한은 단 하나의 선을 제외하고는 모두 넘어버렸다. 북핵문제는 심각한 상태라고 강조하지 않더라도 초등학생도 알고 있는 사실이다. 기본적으로 핵이라는 것은 2차 세계대전 당시 미국이 일본의 히로시마와 나가사키에 투하한 핵분열탄이 초급단계의 핵탄두다. 이 핵폭탄은 플루토늄으로 만든 것 하나, 우라늄으로 만든 것 하나씩을 떨어뜨린 것인데, 그 당시보다 발전시킨 것이 핵융합탄이라는 수소폭탄이다. 북한은 이미 핵분열탄을 보유중이다. 그러나 이 핵이라는 것은 핵탄두를

김정은과 핵탄두 기폭장치(출처 : EBN)

만들 수 있다고 해서 만능이 아니다. 원하는 국가 어디라도 타격할 수 있도록 소형화 기술이 병행해서 발전되어야 하는 것이다. 이미 서구의 핵클럽국가들은 동일한 성능의 핵탄두를 톤 단위 이하로 경량화시킬 수 있기에 이를 탑재한 미사일이 장거리를 비행할 수 있는 것이다.

그러나 북한이 만드는 핵탄두는 대륙간탄도미사일에 탑재하기에는 무겁다. 그렇기에 마지막 핵실험은 소형화를 위한 것이 된다. 이것이 국제사회의 마지노선이 될 것도 분명하다. 그럼, 소형화만 시키면 끝일까? 아니다. 북한으로서는 저 멀리 미국 본토까지 타격하려면 대기권 재진입을 위한 탄도미사일 기술이 필요하다. 이 대륙에서 저 대륙까지 미사일을 발사하려면 장거리를 가야하고 결국 대기권을 벗어났다가 다시 들어와야 하는데 이때 미사일의 탄두가 대기와의 마찰로 인해 수 천도의 고열을 견뎌야한다. 그렇지 못하면 도착하기도 전에 폭발하여 무용지물이 되고 만다. 2017년 7월의 기습적인 탄도미사일 실험에서 북한은 자신들이 대기권 재

진입 기술을 확보했다면서 평양 거리에서 주민들을 강제적으로 춤추게 만들었다. 사실이라면 심각한 일이다. 멀리 날리는 기술은 확보했으니 거기에 탑재할 소형 핵탄두만 완성하면 북한을 쉽사리 건드릴 수 있는 국가가 없다.

핵탄두 소형화 실험까지 성공하면 어떤 일이 벌어질까? 일단 미국 본토 어디라도 핵공격을 할 수 있다. 즉 한반도에 전쟁이 발발하면 미군이 본토에서 증원을 해야 하는데 북한이 그럴 경우에 핵공격을 하겠다고 위협하면 미국 시민과 의회가 증원을 쉽게 납득할 수 있을까? 미국의 도시들이 핵공격 당할 실제적인 위험을 감수하고서도 한국을 전쟁으로부터 구원해 줄 수 있을까? 상당히 고뇌할 것이다. 그렇기에 북한이 소형화 실험을 하기 전에 핵에 대한 미련을 포기하도록 만들어야 한다. 그 시간이 정말 얼마 남지 않았다. 그렇지만 이를 해결해 줄 수 있는 해결사가 있다. 바로 중국이다. 그런데 그런 힘과 능력을 가진 중국에 대한 접근법이 다양하다. 어떤 국가는 중국이 처리하지 않는다고 계속 제재하고 비난만하고 동북아를 안보위기로 내몰고 있다. 북한을 압박해야지 중국을 압박하면 답이 나오지 않는다. 북한에 대한 제재만이 답이라고 생각하는 단편적인 생각이 항상 불안과 위기를 가져온다. 그래서 말하지 않는가? 당근과 채찍이 필요하다고. 중국이 잘 하는 분야다. 주먹으로 위협하고 때려서 끌고 오는 리더십을 가진 국가는 상대방으로 하여금 불만과 분노만 자아낸다. 어떤 국가라도 일방적인 대응을 원치 않을 것이다. 분명히 원하는 바가 있고 이를 서로가 모를 뿐이다. 결국 군사대화, 안보대화, 실무회담, 정상회담을 통해 서로의 생각을 읽어봄과 동시에 제재가 병행되어야하는 것이다. 대화도 필요하다. 그리고 북한이 원하는 것이 있다면 당근도 줄 필요가 있다. 이것들이 중국이 잘 하는 것이다.

북한의 개방을 유도하라

가까운 과거만 보더라도 북한은 나진, 선봉지구와 신의주 등을 포함해서 개방을 시도했었다. 그러나 중국처럼 개방특구를 전국으로 확대하지 못하고 다시 폐쇄적으로 돌아서면서 핵에 의존하게 된다. 그러면서 지금의 북한은 아프리카만도 못한 국가가 되었다. 문제는 지금의 기아상태에 있는 북한주민이 아니다. 더 큰 문제는 이런 상황이 더 악화된다면 내부적으로 폭발할 것이라는 점이다. 이미 임계점은 넘어선지 오래다. 지금까지 버티고 있다는 것이 대단하다. 북한 주민들도 주변국가들이 잘 살고 있다는 사실은 알고 있고, 자신들은 억압받고 있다는 것을 알고 있다. 점점 붕괴의 조짐은 드러난다. 전방지역에서 서해에서 동해에서 중국 동북3성에서 탈북자가 늘어날 것이다. 고위공직자들이 탈북대열에 동참할 것이다. 북한 각지에서는 김정은에 대한 비난문구와 낙서가 추가로 발견될 것이고, 암살시도가 종종 있을 것이다. 불안해진 김정은은 숙청을 밥 먹듯 할 것이고 경호를 대폭 강화할 것이다. 이런 붕괴의 징후들이 외부에까지 알려지는 순간 이미 붕괴는 시작된 것이다. 붕괴가 되면 사태는 걷잡을 수 없다. 대혼란이 일어날 것이다. 북한 군부의 움직임도, 중국 군대의 움직임도, 대량의 북한 주민의 피난도 어떤 모습으로 전개될지 상상만 할 수 있을 뿐이다. 그 전에 연착륙시켜야한다. 그 유일한 답은 핵에 의존하지 않고 개방을 통해 서서히 세계와의 네트워크 속에 포함시켜버리는 것이다.

여기서 중국의 가치가 빛난다. 먼저 역사상 전무후무한 성장속도를 보여준 경험을 바탕으로 개혁개방의 모델을 북한에 전수해 줄 수 있다. 특히 북한은 중국, 러시아, 일본과 매우 근거리에 있으며 육지로도 연결되어 있기에 중국 선전이나 상하이만큼 발전할 수 있다. 개방모델 전수 외에도 일대일로가 있다. 일단 개방을 통해 북한의 문을 열고 일대일로를 통해 전 세계와 연결시켜버리면 북한의 개방은 돌이킬 수 없을 것이다. 일대일로의 시작점을 한반도로 지정토록 중국이 도와야 한다. 고속도로와 고속철도를 북한까지 연결하고 해저터널도 뚫고 비행장도 건설해서 북한을 세상과 연결시켜야 한다. 북한의 노동력이 상품을 만들고 그것들을 중국의 고속철로 유럽까지 실어 나르는 것이다. 사람과 물건과 정보가 오가기 시작할 때 북한은 근본적으로 변화될 것이다. 중국의 일대일로에 우리 한국도 본격적으로 뛰어들어야 하지만, 북한도 함께 포함시키도록 노력해야 한다.

안되면 붕괴를 유도하라

현실로 돌아가 보자. 북한이 중국처럼 개혁개방을 하고 국민들의 의식주해결을 위한 소강사회 건설에 노력할 것이라고 판단하는 사람은 없다. 김정은은 그런 노력을 하는 것보다 핵융합탄두의 정밀화와 대륙간탄도미사일 사정거리 확대에 목숨을 걸고 있고 이는 변하지 않는다. 그 자체가 자신의 생명선이기 때문이다. 이미 국제사회의 리더가 되어버린 중국이 깡패국가인 자신의 편을 적극 지지할 것이라고 믿지도 않으며 사사건건 중국과도 반목하고 있다. 한국전쟁 시절 전투에

중국-북한 송유관 (출처 : 동아일보)

함께 참여했던 북한군과 중국군 고위인사들은 이미 모두 사망하였고 현재 지도부들 간에는 어떠한 인적 네트워크도 없다. 게다가 중국이 큰 행사를 치르려하면 북한이 각종 도발을 하여 중국 지도부의 입지를 좁게 만들어버린다. 중국에게 있어서 애물단지보다 더 화나게 만드는 북한을 어떻게 해야 할까?

북한을 변화시키지 못한다면 붕괴를 유도하여 강제적 변화를 주는 방법이 있다. 북한의 붕괴로 인한 피해와 손해 때문에 중국은 어쩔 수 없이 북한을 생존시킬 것이라고 다들 판단한다. 그렇다면 우리가 북한 붕괴로 인한 손해를 만회시켜주면 된다. 일단 중국이 북한을 붕괴시킬 수 있는 방법을 뭐가 있을까? 먼저, 중국은 북한에 막대한 경제적 영향력을 지니고 있다. 매년 북한은 석탄 1조 원어치를 중국에 수출하고, 공장·음식점 등 북한 노동자 수입 2,500억 원을 중국으로부터 얻고 있다. 게다가 가장 중요한 석유를 매년 50만 t씩 송유관을 통해서 받고 있다. 이렇게 북한은 중국에 자신들의 90% 이상 경제를 의존하고 있다. 북한과의 수출입을 모두 통제하면 북한은 고사한다.

또 다른 방법은 북한 대내적인 방법이다. 우선 북한을 왕래하는 중국인들을 통해 북한 주민에게 방대한 외부정보를 제공하는 것이다. 특히 한국과 한류에 대한 파장이 상당하기 때문에 이와 같은 정보를 우리가 중국 측에 제공하면 중국은 북한에 심는 방식의 우회방법으로 사용할 수 있다. 북한 군대에 대한 방법으로는 개방적이고 반체제성향의 군부인사를 중국 측이 지원하는 것이다. 동시에 한국에서는 북한의 전방군단이 이를 저지하기 위한 군사력이동을 하지 못하도록 분계선 일대에서 강한 압박으로 지원할 수 있다. 한국과 중국이 북한의 붕괴를 이와 같이 함께 유도할 수 있다. 그리고 붕괴로 인한 중국의 우려도 함께 해결할 수 있다. 중국의 북한 붕괴에 대한 우려 중에서 1순위는 대량 탈북난민에 대한 문제다. 한국이 북-중 국경지대에 대량난민수용소 10여개 이상 구축하고 이들을 일정장소에서 동화교육을 시킨 뒤 통일 이후 북한 지역에 정착시켜야한다. 중국의 또 다른 우려는 북한이라는 국가의 소멸로 인해 한반도 전체가 미군의 영향력 하에 속하는 것이다. 이 부분은 한-미-중 지도부의 결단이 필요할 것이다.

싸우면 내편이 되어 달라

북한에게는 동맹국이라 부를 수 있는 국가가 없다. 북한이라는 존재는 패권을 향해 명분과 실력이 필요한 중국에게 짐만 되고 있다. 고립되고 폐쇄적인 국가이자 앞날을 예측하기 어려운 북한은 언제든지 도발을 할 수 있다. 아직도 북한과 중국이 혈맹이라고 부르는 사람들은 유사시 중국이

한-중 국방장관 회담 (출처 : 경향신문)

북한을 도와줄 것이라는 상상을 한다. 북한과 중국은 남남이 된지 오래다. 오히려 중국은 한국과 훨씬 가깝다. 이미 시진핑은 한국 대통령과 수차례의 정상회담과 방문을 했지만 북한과는 악수조차 하지 않은 상태다. 시진핑 집권 2기째인데도 말이다. 그렇다면 만약 북한이 마지막 수단이자 발악으로 전쟁을 결심한다면 어떻게 중국을 우리에게 도움이 되게 만들 것인가를 고민해야한다.

가장 간단한 방법은 중국이 북한에 어떠한 지원도 하지 않고 방관하는 것이다. 중국으로서는 그저 대량탈북난민만 통제하고 한반도 사태에 개입하지 않도록 만드는 것이다. 한국전쟁 당시와는 전혀 다른 결과를 가져올 수 있다. 두 번째 방법은 북한에게 압박을 가하는 것이다. 방관하는 것과는 다르게 중국이 언제든지 북한으로 진입하여 북한의 배후를 공격할 수도 있다고 위협하는 것이다. 결과적으로 북한은 한국과 중국 두 개의 방향으로 군대를 배치해야 할 것이고 따라서 실제로 전투를 하게 될 한국군으로서는 절반의 부담을 덜 수 있다. 마지막이자 최상의 방법은 중국이 미국과 함께 한국을 도와 전쟁에 참여하는 것이다. 이는 북한에게 양면전쟁의 불리한 입장에 놓이게 만들어 최단시간에 패배를 강요하게 될 것이다. 북한과 같이 전쟁지속능력이 모자란 국가에게 양면전쟁이란 불 보듯 뻔한 결과를 가져온다. 2차 세계대전 당시 독일조차 양면전쟁이라는 전략적 판단의 실패로 인해 급격한 전투력 소모를 가져와 패망했다.

문제는 중국과의 외교적 노력이다. 미국의 힘이 한반도를 장악하는 것을 두려워하는 중국에게 위의 세 가지 옵션은 실행불가능 할 수 있다. 위의 방안에 대한 중국의 입장만 확실하게 하면 북한은 전쟁 자체를 생각할 수 없을 것이다. 결국 중국이 이 방안을 따르도록 상당한 대가를 주어야 할 것이다. 주한미군의 완전한 한반도 철수는 우리에게도 부담일 수 있다. 미군철수 외에 중국이 바라는 것은 무엇일까? 중국이 가장 관심을 가지고 추진하는 일대일로 사업에 대한 적극 동참이다. 육상실크로드와 해상실크로드를 한반도와 연계시키고 한국의 일대일로 참여지분을 확대하며 중국의 사업이 해결이 어려울 때 외교적 지지를 하는 것이다. 즉 통일한국이 중국 일대일로의 가장 강한 지지자이자 참여자가 된다는 것을 확실히 해준다면 중국은 한국과 북한의 전쟁에서 누구를 도울 것인지 답이 명확하다.

남북관계를 논할 때 미국은 한국편, 중국은 북한편이라는 수십 년 묵은 이분법적인 사고방식은 지금의 국제관계에서 들어맞지 않는다. 중국에게 한국은 중요하고 가까운 국가이며 일대일로를 비롯해 중국의 패권구축에 막대한 지지층이 될 수 있다. 중국이 유사시 한국을 지원한다면 한국군은 싸우기 전에 이미 이긴 것이나 다름없다. 가능하게 만들어야 한다.

03 | 함께 하자, 형제와 함께 이룩할 신세계

얼마의 시간이 지났을까? 100년 전까지 형제처럼 지내왔던 사이가 멀어져있었다. 한때 우리는 함께 왜놈을 물리치고, 같은 문화를 누리고 같은 제도를 도입하고 같은 문자를 썼다. 중국이라는 나라가 아니라 러시아나 프랑스가 옆나라였다면 무슨 일이 있었을까? 19세기가 되고나서야 약간의 물질문명과 뒤떨어진 정신문명을 교류하고 있었을 것이다. 다행히 중국이 있어 한자를 도입하고 한자를 쓰다 보니 보다 편리한 한글을 만들게되었다. 한자가 없었다면 한글의 탄생이 어려웠다. 무에서 유를 창조한다는 것이 말이다. 비단, 목화, 도예, 서예, 서적, 나침반, 종이 등 이루 말할 수 없다. 왜놈들이 몰려왔을 때 조선의 군사력이란 검법과 창법은 물론이고 격투마저도 아무런 훈련과 체계가 없다보니 속수무책이었다. 결국 중국의 군대로부터 무예를 다시 배웠고 이후 발간된 조선의 무예서적이 '무예제보'다. 이 책이 1700년대 우리가 잘 알고 있는 '무예도보통지'의 선조격이다. 우리나라에서 가장 오래된 무예서적인데, 임진왜란 후 명나라의 무술을 바탕으로 만들어진 것이다. 이렇게 형제 이상으로 수천 년간을 지내왔는데, 세계의 흐름에 휩쓸리다보니 100년간 각자의 고통스런 나날 속에 멀어져갔다. 이제 다시 그 시대가 왔다. 100년이란 굉장히 짧은 역사적 시간이다. 더 멀어지기 전에 되돌려야 한다. 우리만 손해이기 때문이다.

물론, 형제 사이를 이간질하고 떨어뜨려놓고 서로 싸우길 바라는 세력들이 있기 마련이다. 심지어 그런 세력들에 빌붙어 이득을 취하는 반역자들도 있다. 일제 강점기에도 국가의 미래보다 현재 자신의 금고에 얼마나 돈이 쌓이고 내 배가 부른지가 더 중요했던 인간들이 많았음을 기억한다면 당연한 일이다. 사드문제 하나만 봐도 한국과 중국이 멀어지는 사이 중국의 관광객들은 한국 대신에 일본을 선택하고, 한국의 관광객들도 중국 대신에 일본을 선택하니 결국 일본의 관광수지만 상승한다. 한국과 중국이 싸우길 바랄 수밖에 없지 않은가? 한국기업은 망하고 일본기업은 살고, 혐한감정은 늘고 친일감정은 살아나고 말이다. 이런 세력에 휘둘리지 않으려면 서둘러 형제의 우정을 되찾아야 한다.

안보교류

우리 한국은 국제적으로 안보는 미국에, 경제는 중국에 의존한다는 평가를 받는다. 양쪽으로부터 실익만 취한다는 비난이기도 하다. 이런 입장을 벗어나 미래를 바라보기위해 외교부에 미국국에 버금가는 중국국을 편성한다고 하니 역시 외교부라는 생각이 든다. 경제야 사실 말할 것도 없이 중국과 밀착관계다. 중국 없으면 성장률 자체가 역으로 간다. 경제, 외교야 그렇다 쳐도 사실 국가 간의 관계에 있어 궁극적으로 가까워지는 방법은 안보분야다. 안보분야에 있어서 양국 정상과 군 간의 교류가 늘고 신뢰가 쌓이면 진정한 형제가 될 것이다. 그렇다고 당장 연합훈련을 한다거나 공동 무기개발을 할 정도로 신뢰가 쌓인 사이가 아니다보니 점진적으로 가야한다.

지금 육 · 해 · 공군 사관학교에서는 우호국에서 수탁생도를 받아들이거나 위탁생도를 맡겨서 교육중이다. 필리핀, 베트남, 태국, 몽골, 일본, 미국, 독일, 페루 등 그 국가군도 다양해지고 있다. 각 수탁생도들은 한국에서 교육받으며 한국어를 완벽한 수준으로 익히고 한국군대를 수년간 체험하며 귀국해서는 해당 국가의 엘리트로 성장하여 친한국적 안보외교에 일조한다. 한국에서 파견 나가는 위탁생도들은 그 국가의 모든 것을 익히고 인맥을 넓혀 전문가로 성장한다. 폐쇄적이지 않고 개방적·능동적인 수단이며 효과가 크다. 그런데 그리 멀지않은 미래에 가장 중요하고 가장 가까운 국가인 중국의 수탁·위탁생도는 없다. 생도가 성장하여 일정계급이 될 때까지 20년을 기다릴 것을 고려한다면 지금 시작해도 늦은 것이다. 중국은 각 성별로 군관학교가 있으니 가장 우수하고 성장가능성이 있는 수탁생도를 다수 받아들여 지금부터 친한 인사로 키워나가야 한다. 그리고 그 생도가 언젠가 중국군 수뇌부가 되어 한국군과의 가교 역할을 할 수 있도록 전략을 수립해야 한다.

장교들도 마찬가지다. 장교교육과정에 외국의 지휘참모대 혹은 교환교관 등 다양한 인적교류가 진행중인데 이를 중국과도 시행해야한다. 지휘참모대 등의 장교과정은 해당국가의 영관급 장교를 육성하는 프로그램이기에 교육의 수준이 생도들과는 다르게 상당히 심화되어있어 그 나라 군대의 전략과 전술의 방향을 읽어낼 수 있다. 그래서 웬만하면 쉽게 개방하지 않는다. 이제 중국과 지휘참모대 뿐만 아니라 다양한 과정의 장교 인적교류를 확대해나가야 한다. 이로써 기존에 하지 못했던 생도과정의 인적풀 부족을 해소할 수 있다.

인적교류가 발동 걸리기 시작하면 기술교류로 넘어가야한다. 아니, 우리의 뛰어난 국방과학기술을 중국에 다 빼앗기는 거 아냐……라고 생각한다면 정반대다. 먼저, 다른 국가들은 아무리 우방국가라 해도 국방기술을 주지 않는다. 그 기술력 차이를 이용하여 돈을 벌지. 중국은 안보분야의 새로운 친구가 필요한 단계다. 특히 동북아에 말이다. 전략적으로 활용해야 한다. 중국의 국방기술은 이미 최상위 클래스에 있다. 부정할 사람이 많겠지만, 강한 부정은 긍정일 수밖에 없다. 무시할 말이었다면 그저 스쳐지나가겠지만, 이를 인정하기 싫고 사실이기에 강한 부정을 하는 것이다. 한 번 5장에서 언급되었던 국방기술들을 되새겨보자. 우주기술, 핵, 미사일, 스텔스기, 레이더, 항공모함, 잠수함, 사이버전, 전차 등 어느 것 하나 상전벽해 수준의 기술발전을 보이지 않는 것이 없다. 기술교류를 통해 우리 것으로 만들어야 한다. 과거에 우리 기업의 기술이 중국으로 넘어갔듯 말이다.

경제교류

중국은 이미 외환보유고라는 저축액이 세계 최고다. 돈이 넘쳐나 기술만 가지고 있으면 이 기업이건 저 기업이건 사들인다. 돈이 모자란 국가에 거저 빌려준다. 여기저기 건물도 사고 땅도 산다. 백만장자, 천만장자가 하루에 수백 명씩 새로 생겨난다. 이런 돈 잔치를 그냥 멀리서 바라보고만 있을 것인가? 게다가 중국은 거대한 사업을 만들어 일자리와 투자거리를 만들어냈다. 살짝 담궈 보기만 할 건가?

어떻게 하면 중국의 돈을 우리가 원하는 대로 끌어들일까를 고민해야한다. 그런데 우리에겐 크나큰 장점이 여럿 있다. 당연히 첫 번째는 이웃이라는 점이다. 둘째는 한국이라는 곳이 그들이 좋아하는 국가라는 것이다. 아주 멀고 먼 나라인데다 별로 좋아하지 않는다면 왜 중국인 부자들이 여기다 땅을 사고 집을 짓겠는가? 한국에 자기 집을 가지고 싶어 한다. 그런데 제주도가 투자이민정책을 만들어 멍석을 깔아주니 몰려올 수밖에 없다. 제주도가 유독 아름다워서라기보다 정책의 힘이다. 즉, 다른 지역도 중국의 투자를 끌어들일 수 있다는 것이다. 특히 요즘 중국인들이 서울과 동해안 쪽으로 눈을 돌리고 있다. 자연스러움도 좋지만 우리가 원하는 투자를 만들어내야 한다. 제주도의 경우 이민 허용 자금의 하한선이 낮고, 이 자금의 유입이 도민에게 연결시키지 못한데다 오히려 붐비기만 하고 돈은 중국계 기업들로 넘어가니 실패한 사례일 수 있다. 그래서 다른 지역은 전략적으로 접근해야 한다. 예를 들어 플로리다 잭슨빌로부터 마이애미까지의 대서양이나 샌프란시스코에서 시애틀까지의 태평양처럼 바다를 내려다보는 고급주택이 해안을 따라 줄줄이 이어지고 곳곳에 볼

거리와 요트장이 있는 유명 관광지를 우리의 고성에서부터 포항까지 동해안에 만들 수 있다. 중국인들의 투자를 이끌어낸다면 말이다.

한국으로 중국의 투자를 이끌어내는 방식 외에도 중국 시장을 마치 우리의 시장처럼 만드는 노력도 해야 한다. 최근의 의료시장, 성형시장, 화장품시장처럼 말이다. 이런 시장들은 누군가에 의해 전략적으로 중국의 블루오션을 찾아내 형성한 것이 아니다. 자연스럽게 진행된 현상이다. 자연스럽게 시장이 형성되는 것에는 우연성이 필요하다. 그러나 우리에겐 우연성보다는 전략적 접근이 필요하다. 이것들 말고도 남들이 보지 못하는 블루오션은 분명히 있다. 이를 시장으로 만들면 우리는 고객이 14억인 시장을 가지게 된다. 블루오션에 뭐가 있을까? 한국만의 강점이 뭐가 있을

중국 글로벌 프로젝트 일대일로(출처:연합뉴스)

까? 전 세계가 알아주는 것이 있다. 바로 세계 최강의 교육열이다. 중국도 우리 못지않게 교육열이 강하다고 말할 수 있다. 그러나 가장 중요한 차이점은 사교육이다. 사교육의 컨텐츠가 넘쳐난다. 영어, 수학, 과학 등 분야별 다양함은 물론 인터넷강의와 학원운영 또는 문제지 등이다. 중국인들의 자녀 교육에 대한 열정은 우리보다 더 강하지만 그 테크닉이 우리만큼 발달하지 못했기에 교육시장을 공략할 수 있다. 두 번째는 음식이다. 최근까지 한식의 세계화를 추진했지만 사실 성공적이지 못하다. 한식의 범위를 고풍스럽게 잡았기 때문이다. 중국인들은 과거의 한식이 아니라 현 시대 한국인들의 한식을 좋아한다. 북경에서는 떡볶이조차 고급음식에 속할 정도다. BBQ의 성공도 마찬가지다. 그런데 아직 본격적으로 물 건너가지 않은 한국만의 독특한 음식문화가 많이 남아있다. 중국인들을 매혹시킬 한국의 음식들이 무궁무진하다. 한국에서 자영업하다 문닫지말고 중국의 문을 두드려보는 것도 좋을 것이다. 마지막은 가장 중요하면서도 중국 자체적으로 만들어낸 초대형 블루오션으로서 일대일로 프로젝트다. 중국이 판을 깔아줬는데 유럽의 선진국들이 오히려 우리보다 앞다퉈 뛰어들었다. 독일은 이미 저만치 달려가고 있고 일본은 눈치를 보고 있지만 슬슬 본격적으로 따라잡으려 하고 있다. 미국은 이 판에 끼어들기에 체면이 서지 않아 보고만 있다. 서둘러야 한다. 4대강 사업 정도는 일대일로의 사업들에 비하면 동네 놀이터 만드는 수준이다. 우리의 인프라 구축능력을 다시 한 번 발휘할 기회다. 장기적으로 높은 수익률을 보장할 투자대상이다. 중국과 각종 연결망으로 엮일 수 있는 절호의 기회다.

인적교류

중국은 인재를 운용할 때도 국방개혁을 할 때도 경제성장을 추구할 때도 모든 것에 미래지향적인 철학과 전략을 담는다. 물론 정점은 시진핑이다. 인재전략의 경우 천인계획을 통해 전 세계에서 최고의 기술을 가진 중국 인이건 화교이건 외국인이건 모셔온다. 기업에 맡겨놓고 국가가 손을 놓지 않는다. 우리는 중국과 관련된 전략적 인재육성을 해야 한다. 여기서 인재란 한국인 인재뿐만 아니라 중국인 인재도 포함된다. 중국 관련 한국인 인재를 어떻게 길러야 할까? 현재의 가장 큰 문제는 중국어 자체를 할 줄 아는 사람은 많아졌는데 어학 말고 다른 분야의 전문가가 없다는 점이다. 단적인 예로 원어민 수준의 중국어를 구사하면서 동시에 중국의 증시를 꿰뚫고 있는 인재가 있다고 하면 지금처럼 중국관련 투자나 펀드운용이 어려웠을까? 군사 분야는 앞 장에서 사관생도 교류나 장교과정 파견 등 대안을 제시했다. 그런데 이런 인재가 미리 양성되었다면 중국을 통한 북핵문제 해결이나 사드문제 해결이 보다 부드럽지 않았을까? 전 분야에 중국 관련 전문가를 양성하고 이 전문가들이 중국과 탄탄한 네트워크를 형성하도록 지원해야 한다. 먼저 중학교 때부터 중국어 의무교육을 해야

한다. 이미 그럴 시점은 지났지만 말이다. 고등학교에도 사실 실용적이지 않은 독일어나 프랑스어나 일본어보다 중국어를 많이 가르치도록 교사양성을 하고 개편해야한다. 또한 특정 대학 중국어과를 지정해서 지원금을 주고 관련 지식을 익힌 뒤 국가전략 중국전문가를 생산해내고 이들을 정부 각 분야에서 중국으로 파견 보내고 실무를 익히게 해야 한다. 단순히 외무고시나 행정고시 등 철저한 암기술이 정통한 사람보다 실력이 강한 인재를 어린 시절부터 체계적으로 길러줘야한다. 이것보다 더 중요한 것은 親韓 중국인 인재양성의 문제다. 한국에 오는 중국인은 여행객, 취업자, 대학생 등 크게 세 부류로 나뉜다. 그런데 이들 어느 누구도 한국을 좋게 보고 귀국한 사람을 못 봤다. 친한파 양성의 기초적 실패다. 전략 자체가 없었으니 실패로 보기도 힘든 실정이다. 한국이 좋아서 온 관광객들이 다시는 안 오겠다고 만드는 것도 능력일까? 90년대 초반 대한민국이 해외여행 자율화 덕에 전 세계로 어글리코리안을 퍼트린 기억이 아직도 가시지 않았는데 중국인들의 여행태도를 보며 우월감에 빠져 중국인을 무시하고 바가지씌우고 푸대접하니 좋아할 리 없잖은가? 한국에 돈벌러온 중국인에 대한 대접은 말할 것도 없다. 한국으로 유학 온 대학생들도 마찬가지다. 온 나라에 난립하는 각 대학들이 운영을 위해 중국인 유학생을 받아들이니 사실 돈벌이다. 관광객들에게는 철저하게 한국을 사랑하도록 친절도 향상을 하고 우리와는 연대감을 느끼면서 일본제품을 싫어하도록 일제 강점기의 아픈 역사 현장을 보여줘야 한다. 대학생들은 중국에서도 우수한 학생들을 유치해서 철저하게 친한파로 만들고 이들이 중국에서 최고위직으로 성장하도록 전폭적인 지원을 해줘야한다.

이렇게 한국에서는 중국 전문인재로 만들고 중국인들은 친한파 인재로 육성하는 전략수립이 시급하다. 이런 사람들이 성장해서 중국 관련 정책과 전략을 수립해야 한다. 중국 고위급이 되어 한국에 유리한 정책들을 펼쳐야 한다.

중국과 한국, 수 천 년간 오랑캐들과의 전쟁과 침략, 그리고 학살로 이어지는 아픔의 역사와 함께 찬란했던 문명을 함께했던 영광의 역사를 우리는 공유하고 있다. 우리 민족의 DNA에 분명하게 새겨져있다. 새로운 시대가 다시 도래했다. 우리는 함께 가야한다. 철저하게 이기적이고 압박적이던 기존 세계질서의 틀 속에서 웅크려온 40년간 중국은 처절하게 자본을 형성하고 기술을 축적하며 군대를 발전시켜왔다. 세상의 모든 권력이 대서양에서 태평양으로 건너왔었고 이 권력의 중심축을 유라시아로 다시 가져오려고 한다. 이미 지구적인 규모의 프로젝트는 과감하게 진행 중이다. 일대일로에는 점점 많은 국가가 참여하려고 노력하고 있다. 일대일로를 위한 자본운용 프로그램도 AIIB 창설을 통해 해결했다. 일대일로 관련국가들간의 초대형 자유무역지대인 RCEP(Regional Comprehensive Economic Partnership, 역내포괄적경제동반자협정)도 순항중이다. 일대일로의 구간구간을 지켜줄 군사기지도 시간을 단축시켜줄 새로운 운하도 신설되고 있다. 전혀 새로운 시장과 무역형태가 유라시아의 고립되었던 중앙에 생겨날 것이다. 새로운 도시들이 탄생할 것이다. 중국에 의해 만들어지는 블루오션이 바로 우리 곁에서 기다리고 있다.

한국이 해야 할 일은 분명해졌다. 일대일로를 한반도와 반드시 연계시켜 유럽과 중동과 중앙아시아를 우리의 영역 안에 포함시키는 것. 그리고 한국의 일대일로 지분을 확대하여 달콤한 열매를 가져오는 것이다. 수나라가 강해질 때, 원나라가 강성할 때, 청나라가 융성해질 때, 일본이 힘을 모을 때 우리 한반도는 준비되어있지 않아 항상 피해자로 전락했었다. 역사는 반복된다고 하지만 이런 역사는 끊어야 한다. 중국이 날아오를 때 같이 날아오를 수만 있다면 된다.